出口 汪

現代文
講義の実況中継①

語学春秋社

はしがき

本書『**出口汪現代文講義の実況中継①②③**』は、既刊書『NEW出口現代文講義の実況中継①②③』の新装版である。

「実況中継」は、これまで増刷を重ね、百万部に迫るベストセラーで、受験現代文の世界を塗り替えたと言っても過言ではない。

現代文は、センス・感覚で解くほかはなく、いくら勉強しても学習効果が得られるとは限らないというのが従来の常識だった。英語や、理科・社会なら、知識を詰め込めば、ある程度の点数が取れる。ところが、現代文という教科はこの手が使えない。それならば、現代文にかける勉強時間を、英数に回した方が賢明だと、成績の上位者ほど考えがちであった。

本書は**現代文を論理の教科と位置づけ、それゆえ、センス・感覚ではなく、一貫した論理的方法が必要だ**と断じた。

論理とは、**物事の筋道**のことである。筆者は自分の主張を筋道を立てて説明する。**読解とは、その筋道をありのまま理解すること**であり、それを無視して、自分勝手に読み、自分勝手に答えるから、本来論理の教科である現代文が一転してセンス・感覚の教科となるのだ。

現代文ほど成績の上がりにくい教科はないというのがそれまでの常識だったが、それは論理の教科をこともあろうに正反対のセンス・感覚の教科に取り違えてしまったからに他ならない。

もう一度断言しておく。

現代文ほど成績の上がりやすい科目はない。そして、**そこには一貫した方法があり、正しい方法で一定の訓練さえ積めば、誰でも高得点を取ることが可能である。**

「出口現代文」のもう一つの眼目は、現代文を単なる一つの教科ではなく、**あらゆる教科の土台となるもの**と、明確に位置づけたことである。言語処理能力、論理力、そして、記述・論述力、さらには小論文を書くためのストック、こうした**現代文によって培った力が、あらゆる科目の成績を押し上げていく。**

しかも、現代文によって、言語処理能力を鍛え、論理力を身につけていくことにより、君たちの頭脳自体が変化する。

論理力は生涯の強力な武器となるのである。

私が開発した論理力を鍛えるための**「論理エンジン」**は、現在私立の高校だけでも百五十校以上が採用して、奇跡的ともいえる成果を上げつつある。こうした事態は、教育の歴史上、初めてのことなのである。

そして、本書にも**「論理エンジン」の考え方が新たに加わっている。**その点においても、旧著よりも格段に進化しているのだ。

本書の利用法

君たちは、野球選手にたとえれば、打者であっても投手であっても、まずは正確なフォームを作らなければならない。**本書は、そのフォーム作りに最適**である。

❶ まず自力で別冊の問題を解くこと。

その際、答えではなく、**どのようなプロセスで答えを導いたのか**を意識する。

❷ 次に、じっくりと解説を読み、私の解き方と君たちの解き方の

どこが同じで、どこが異なるのかを考える。

①~③巻を読破した時点で、君たちは現代文のあらゆる解き方をつかみ取っているはずである。

だが、**問題はそれから**である。

よく君たちが寄せる質問の中に、「同じものを繰り返し解くのがいいのか、新しい問題を次々解くのがいいのか、どちらですか?」というのがある。

現代文の解き方を捕まえる段階、つまりフォーム固めの段階では、同じものを何度も繰り返すことが大切である。

本書はフォーム固めのものである。それゆえ、**何度も繰り返すほうが望ましい。**

フォームをしっかりと固めたなら、次の段階では打ち込み練習・投げ込み練習をしっかりとやってほしい。現代文は他の教科と違って、覚える必要がないため、次の練習としては、未知の文章を自力で解くことに慣れることが大切である。そのためには、**新しい問題を次々こなし、練習量を豊かにするほうがよい。**

その際役立つのが、「出口汪のトークで攻略現代文Vol.1・2」（語学春秋社）、「システム現代文」シリーズ・「好きになる現代文」シリーズ（水王舎）、「現代文レベル別問題集」（東進ブックス）などである。

❸ 本書を繰り返し読むときは、解法のプロセスを再現せよ。

本書は繰り返し読破してほしいと、すでに述べた。

だが、実は一度解いたものを再度解いたところで、答えが記憶に残ってしまっている。だから、なかなか頭脳に入ってこない。

では、どうするのか？

そこで、別冊の問題だけを取り出し、頭の中で本書の解き方を再現してみること。答えだけでなく、**なぜそのような答えが導き出されたのか、そのプロセスを頭の中で説明してみる。**

たとえ、答えが合ったところで、うまく説明できないところは真に理解しているとはいえない。そこだけ、本書の解説文をじっくりと読み込む。なぜそのような答えになるのだろうと問題意識を持って読むので、解説がしっかりと頭の中に入り込むはずである。

そうやって、二、三度繰り返し、**すべての問題を完全に頭の中で説明できるようになったとき、諸君のフォームは完成した**のである。

多くの現代文の受験参考書は「この一冊で完全である」と言ったような打ち出しをしているが、それはあくまでプロパガンダ（宣伝）である。

例えば、大リーガーのイチロー選手がそのバッティングの技法をすべて本にしたところで、それを読んでイチローと同じバッティングができるはずがない。一冊の本をどれほど読み込んだところで、私と同じ問題文の読み方、解き方がすぐにできるわけがない。

まずは正しいフォームを理解し、問題練習を繰り返すことにより、足腰を鍛え、実践力をつけていく。そうやって**論理力を習熟させる**ことで、初めて安定して高得点を獲得できるようになるのである。

本書は参考書としては薄いものではない。それを三冊もやるだけの時間のゆとりがないと思う受験生もいるだろう。

だが、本書は一冊約一週間で無理なく読破可能である。なぜなら、**すらすらと理解できるから**だ。逆に、薄い問題集のほうがなぜそのような答えになるのかわからず、かえって一冊やり終えるのに時間がかかり、未消化のまま大抵は途中で挫折するものである。

また、現代文にそれほどのエネルギーをそそぐゆとりがないという諸君もいるだろう。

だが、考えてみてほしい。**誰もが高得点できない現代文で差をつけることが、どれほど受験にとって有利になるのか。**特に、**君たちが理系であればなおさらである。**

本書は一貫して論理的な方法をとっているので、理系の諸君ほど理解しやすい。

しかも、本書は現代文の成績をアップさせるだけではない。すべての科目に必要な、言語処理能力、論理力、記述・論述力を強化するためのものである。

おそらく諸君の運命の一冊になることであろう。

出口汪

講義の内容 1

講義を始めるにあたって……1
第1回　入試現代文とは何か?……10
第2回　論理的読解法①……48
第3回　論理的読解法②……105
第4回　小説の読解法……142
第5回　随筆の読解法……207

講義の内容 2

第6回　評論問題の解法①
第7回　マーク式問題の解法
第8回　評論問題の解法②
第9回　小説の読解法（応用篇）
第10回　融合問題の解法
第11回　明治擬古文の解法
第12回　「詩」を含む文章題の解法

講義の内容 3

第13回　記述式問題の解法①
第14回　記述式問題の解法②
第15回　記述式問題の解法③
第16回　私大型記述問題
第17回　総合問題①
第18回　総合問題②

講義を始めるにあたって

さあ、今から始めるこの集中講義で、**僕は奇跡を起こします。**どうしてそれが可能かと言いますと、実は、**現代文だからできる**んです。英語とか数学だったら、そう簡単に奇跡なんか起きない。英語でも、数学でも、小学校や中学校からの積み重ねで、何年間かの間にすごい差ができているわけでしょう。その差をほんの短期間で引っくり返すというのは、不可能とは言わないけれど、これは大変なことなんですね。

ところが、現代文というのは、それが可能なんです。なぜかと言いますとね、現代文ができないのは、日本語が読めないからじゃないんです。日本語は読めますよ。じゃあ、なぜできないのかというと、**解き方が間違っている**からです。だからこの講義で解き方が本当に分かれば、ビックリするぐらい、あっという間に伸びていくんです。

去年でも偏差値四〇伸びたって、すごいのがいましたけどね。これ、本当に可能です。**一〇、二〇はあたりまえ**です。ただ、それは僕の授業で伸びたというよりも、もともと読む力はあった。ところが、解き方が悪かった。だから解き方を変えたら、あっと言う間に伸びたんですよ。ということで、この講義はとことん解き方にこだわっていきます。

講義のねらい

現代文というのは不思議な教科で、**みんながごまかしながら、何となくやっている。**先生も生徒も、みんなです。英語や数学では通じないけど、現代文ではそれが通じてしまうんですね。

なぜかと言ったら、みんな現代文に期待してないからなんです。だから少々いいかげんに答えを言って、正確にその根拠を示さなくても、まあ現代文ってそんなもんだと、みんな思っている。みんなそう思ってやっているから、何となくお互い楽をしてしまって、結局は、フワフワした曖昧《あいまい》なものになっていくんですね。

ところが、**現代文には一貫した方法、解き方があります。**それをここでやっていきましょうね。そういった意味では、この講義は君たちの既成《きせい》の概念《がいねん》を引っくり返す革命的なものになるはずです。**だれもがあたりまえと思って、考えもしなかったこと、それを一つ一つ**

解明していきます。あたりまえのことをごまかさずに考えることによって、あらゆる問題を解いていく、そのすごさをこの講義で分かってほしいと思う。

ですから、僕も君たちもお互いに絶対にごまかさないこと。まず、これが第一。**すべての設問に、きちんと明確な根拠を示します。**そしてその根拠も、場あたり的なものでなく、**一貫した同じやり方**で探し出し、すべての設問を解説していきます。その中で、ああ、現代文ってやっぱりきちんと解けるんだな、ということを分かってほしい。こういった講義をやっていきますね。

解き方のルール

今、すべての解答の根拠をあげると言いましたけれども、もっと具体的に言いましょうか。**この根拠とは何かというと、すべて本文の中にあります。**これ、ハッキリ言っておきますね。

こう断言するのは実は非常に勇気の要《い》ることなんです。なぜかと言いますと、例えば、僕が君たちの知ってない知識をもってして、この評論家はこういったことを考えている、だからこれが答えだと言ったならば、君たちは、そうかなってうなずくしか手がないわけです。土俵が違うんだからね。それで僕は、より高いところで、君たちのよく知らない知識で説明していくわけでしょう。

だけど、裏返して言ったら、君たちは僕と同じ知識を持っていないと、その問題は解けないことになる。それは反則だと思うんです。だから、ここではそういったことは一切やりません。逆に**本文から根拠を探すというのは、君たちと同じ土俵に僕が立つ**ということです。だから、僕もごまかしができない。

例えば、僕が本文のここにこう書いてあるから、これが答えですと言ったとするでしょう。それに対して君たちも「いや、先生、本文のここにこう書いてあるから、それは違うんじゃないですか」、といくらでも反論できる。お互いクリアな、まったくごまかしのないところで、全部本文中から根拠を探してやっていきましょう、ということなんだね。そして実際、これは現代文を解く上での最低限のルールです。

ところで、どんな問題にも、本文の前に、ある大事なことが書いてある。何だか分かりますか。

「次の文章を読んで、あとの問いに答えよ」

実は、これが一番大事なんですね。だから次の文章を読んで答えられない問題は、入試問題として成立しないんです。どういうことかと言うと、**次の文章に必ず答え、もしくは、その根拠があるから探しなさい**、ということなんです。

読解の基本ルール 1

「次の文章を読んで、あとの問いに答えよ」

↓

● 現代文の解答の根拠は**すべて本文中**にある。

● 本文に書かれていないことは一切**無効**である。

ですから、現代文では君たちが、**ある傍線部についてどう思ったかは一切聞いてない。本文にどう書いてあったかしか、聞いてない**んですね。ですから、全部本文の中にその答え、もしくは根拠がある。こういった最低限のルール、これを前提として、あらゆる問題を解いていきましょう。これは記述であろうが、マークであろうが、評論であろうが、小説であろうが、全部同じです。最低、これだけは押さえること。

現代文で問われる能力

もう一点、大事なことがあります。現代文はどんな教科かって聞かれたら、結論をズバリ言いますよ。**現代文というのは、君たちの論理的思考能力を問う教科です。**実は入試問題にはいろんな教科がありますけど、所詮《しょせん》、二つのことしか試してこない。何かっていったら、**論理**と**知識**ですね。この二つ。教科が変わっても、結局はこの変形なんですよ。

例えば、いちばん知識の比重が大きいのは何かというと、これは「社会」かもしれない。というのは、どれだけ論理的に、いわゆる筋道を立ててものごとを考えたとしても、人名、事件名を覚えてなかったら点になりませんよね。まあ、どれくらいの比重か分からないけど、たぶん七割ぐらいは知識のウェイトが占めるでしょう。

もっとも、どれだけ事件名を暗記したって、時代の流れに沿って、きちんと理解しないと、やっぱり点になりません。時代の流れに即して、きちんとものごとを理解していく力というのが論理的思考能力でしょう。これが三割ぐらいは占める。

英語はどうだろうね。英語ももちろん、単語、熟語、あるいは慣用句、こういったものをきちんと覚えてないと点になりませんね。でも、いくら単語を何千、何万と覚えたって、これを文章の組立ての中できちんと理解できないと、点にはならないね。まあ半々じゃないですか。

数学は比較的論理的な教科と言われてます。数学の先生もいろんな言い方をしますけど、なかには高校レベルまではほとんど暗記だって言い切る先生だっている。僕は専門じゃないから分かりませんが、少なくとも公式を覚えて、典型的な問題のパターンをきちんと覚えないと、数学はやはり解けません。そしてその上で、次に応用の部分で論理的にものごとを考えていくわけで、まあ、どうかな、やっぱり三割ぐらいは知識、覚えることがあるんじゃないですか。

現代文はどうか。現代文で必要なのは、**九割が論理的思考能力**です。覚えるような要素というのは、ほとんどないんです。もちろん漢字や、あるいは文学史など、少しはあるかもしれません。でもたとえ、知ってなくても、そんなに痛くない。なぜかと言ったら、残り九割の読解力の問題と直接関係がないからです。たとえ、漢字が書けなくたって、文章は読めますよね。そういう点では、例えば、数学の公式を知らないとか、あるいは単語を知らなくて英文を読めないというのとはだいぶ違うんだね。だから、現代文はほとんど論理的な思考能力を問う教科と言ってもいいのです。

そういったわけで、現代文ができないというのは、実に困るんです。現代文というのは、**すべての教科の土台**になってくるからです。

読解の基本ルール②

- **現代文は論理的思考能力を問う教科である。**
- **したがって、漠然とした印象のもとに感覚的、主観的に解いてはいけない。**

現代文できちんと論理的な力をつけた上で、例えば、英語の単語や熟語、文法を覚えたら、これは英語の力になるんですよ。あるいは古語や古典文法を覚えたらば、古文の力になっていく。論理的思考能力というのは、どの教科でも一貫して同じなんです。そういうふうに考えてくださいね。その大事な力をこの現代文講義でつけていく。だから、ごまかしたり、いいかげんなことをお互いしていてはダメなんです。

ところが、この大事なものを、みんなおろそかにしている。知識というのは、自分一人で得られる。覚えたらおしまいだものね。一方、この、ものをきちんと考える力というのは、なかなか自分一人じゃ養成しにくいんです。しかも、どうやっていいか分からない。あるいは、何がどれぐらいできたかというのが目に見えないから、どうしてもいいかげんになってしまって、知識偏重の勉強になってしまいがちです。だけど、今言ったように、どの教科でも半分以上が論理的思考能力を試してくる。だから、これを身につけるような勉強を現代文でやっていくわけです。

では、問題をやりながら話を進めていきましょう。

第1回 入試現代文とは何か？

講義の焦点《フォーカス》

- なぜ現代文が解けないのか
- 現代文は重層的に読み進める
- 「文脈の重要性」をしっかり認識する

まず、**「なぜ現代文が解けないのか？」**というテーマでお話しします。僕は現代文は、**〝すべて本文に答え、もしくは根拠がある〟**と言った。だから本当は簡単なはずなんですよ。ところが、実際は意外と解けないんです。どうしてか。まず、この原因をつかむところから始めましょう。

はい、では別冊の［問題1］を見てください。早稲田大学の問題です。

問題1　外山滋比古の文による

▼別冊3ページ参照

問一の漢字はいいですね。解説は省略。答えだけ言います。(B)が(ホ)、(D)が(ハ)です。

「欠落文」の問題

まず本文を見ると、各段落の始めに(1)、(2)、(3)と番号が打ってあるね。こういうときには、**先に設問を見なさい**。解くことはありません、見なさい。なぜなら、**整序問題**である可能性が強いんですよ。

試験というのは時間制限がありますから、整序問題なのに気づかずに読んでしまうと、わけが分からなくなる。いずれ気がつくにしても、時間のロスが大きいですから、段落に番号が打ってあったら、いつも設問を先に見るという習慣をつけなさい。こういった具合に、**いつも同じ解き方でやっていく**んだ。

そこで、**問二**を見てみると、これは欠落文の問題なんだと分かります。欠落文の問題というのは、本文の一部が欠けているから、もとに戻しなさいという問題。これは要注意。難しいか難しくないかじゃないんだ。**時間がかかることが多いんですよ。**それも本文が長文であればあるほど、要注意。

この場合は、(1)〜(7)というように、段落のどこかに入るって決まってますから、まだ、ましですけどね。何にも条件がなく、さあ、どこに入るかという問題もけっこう多いんです。あれはやっかいです。しかもいやらしいことに、たいてい問一か問二に持ってくることが多い。

それを最初、順番通りにやっていって、何となくどこに入るかな、ああ、ここかな、いや、ここじゃない、あれかな、とやっていれば、へたすると袋小路に陥ってしまいます。たとえ結果的に答えが合っても、ハッと気がつくと、五分も六分もたったとかね、イライラしたとかね、そういうことになってしまって、他の設問が解けなくなってしまったということになりかねない。場合によっては、捨てたほうがよかったということもありうるわけだ。

ですからね、欠落文の問題は、場当たり的に絶対やらない。**明確な根拠をきちんとつかみなさい。**いいですね。それでもし、明確な根拠が見つからなかったら、後回し。あるいは一応解いておいて、最後にもう一回見直すときに、ついでにこれをチェックしていきなさい。いいですか。欠落文はいつもそうやって解いていく。

欠落文（・番号がふってあるパターン→明確な根拠をつかむ。見つから
　　　・番号がふってないパターン→なければ後回し。

読解の基本ルール３

段落に番号が打ってあったら、設問を先に見る。

「整序問題」の可能性大。

では、**問二**の**欠落文の文章**を見てみましょうか。

> 同じ文章でも、朝読むのと夜読むのとでは、感じが違うものである。これも、朝と夜との生活的条件の相違が同一テクストから違ったものを引き出しているのであろう。

この文章の役割は何かというと、**具体例**なんですよ。朝読むのと夜読むのでは、同じ文章を読むのでも、感じが違うんだと。具体例とは、筆者が**自分の意見を裏づける証拠**としてあげるものです。とすれば、必ずどこかで**筆者の意見が登場する**はず。それが**本文のどのあ**

たりにくるかということを意識して読んでいくんです。これをまず頭に置く。さあ、それでは本文を見ていきますよ。

われわれは、ものを読むときには、テクストの文字、文章を、あるがままに見、読んでいると考えている。

(1) 実際は、しかし、決してそうではない。

さあ、ここまで線を引っぱろう。われわれは文章をあるがままに読んでいると思っているね。ところが、あるがままになんか、絶対に読めないんです。

で、次も線を引っぱろうか。

いかなる読者にも必ずなにがしかの先入主がある。

まあ、先入観みたいなものかな。先入主、先入観を通して文章を見るから、絶対にあるがままには読めないんだ。こう言ってるんだな。どうもこれは結論らしい。いきなり、筆者の主

張が冒頭にきた。だったら、**次にどう展開するかというのは、読まなくても見えてくる**んです。次は、このことの**〝証拠をあげていく〟**んですよ。例えば、具体例をあげるとかいうように、証拠をあげていくんです。

「入試評論文」の構造

ここで評論問題を解く上で、重要なことをお話ししましょう。よくね、評論は「起承転結《きしょうてんけつ》」とか「序破急《じょはきゅう》」の構成をとるとか言いますね。ウソですよ。もちろん、一般の評論文は起承転結の構成が多いんだけど、**入試の評論では、そんなもの出ない。**だから「起承転結」のような型をいくら勉強しても仕方がない。なぜかと言いますと、一つの評論というのは、どんなに短いものでも二〇〜三〇ページはあります。そんなものをそっくり出す入試問題は、まずない。

たいていはどうするかと言ったら、その評論のいちばんおいしい一部を切り取ってくるんです。いちばん多いケースは、例えば、起承転結とある評論の**〝「結」の一部だけ〟を切り取ってくる**んですよ。「結」の一部を切り取った文章を起承転結の構成で読みとろうとしても

読めるわけないんです。だから、そこに書かれているのは一つだけ、

「結」「結」「結」

たった一つの「結論」の繰り返しなんですよ。

たまに、二つのことを論じている場合がある。どういうときかと言えば、例えば起承転結の「転」の終わりから「結」の始めを一ページか二ページ分切り取って、〝AからBへ〟という展開をしている場合です。この場合でも、書いてあるメッセージはせいぜい一つか二つ。どのみち結論の一部だけを切り取ったんだから、**冒頭に結論がくるか、最後にくるか、**それしかない。**冒頭に結論がくれば、あとはこれを証拠をあげて繰り返していくだけなんです。**

なぜ繰り返すかと言ったら、評論においては、**自分の意見は人にはなかなか分かってもらえない、**というのが前提だからです。自分が言ったことは、当然人は分かってくれるはずと思い込んでいるのは甘いですよね。人間一人ひとり、考え方も感覚も、生い立ちも全部違うんだから、自分の言ったことは、他人は理解してくれない。理解してくれないんだったら、分かるように、ちゃんと証拠をあげましょう、というのが評論の前提なんです。

だからAということを結論として始めにポンと言ったらば、次にその証拠。自分の経験から

身近な例を引っぱったりして、いろいろ具体例をあげていくわけですね。あるいは、**具体例や証拠をあげることから始めたら、どっかで一般化した言い方をする。**この場合は、**筆者の結論をあとのほうにもってきます。**

問題文では、冒頭でポンと結論がきたね。「人には必ずなにがしかの先入主がある」。そこで筆者は**その先入主の具体例をそのあとあげていく**ことになる。

知識、思想、習慣、信念など比較的恒常的なものもあれば、一時的気分、好悪といったものもあろう。一人一人違う個性は、ことばをかえれば、先入主の塊のようなものであるから、先入主の全くない人は人間ではなくなる。

つまり、例外はない。みんな先入主を持っているということです。

読者にはそういう広義の先入主の網が幾重にもはりめぐらされていて、それぞれ掩蔽《えんぺい》を起こす。

「掩蔽」って難しい言葉ですね。難しい言葉だけども、きちんと本文の中で、この言葉の意味を推測しなさい。

だから、人がものを読めば、決してあるがままに読まないし、また、読めもしない。

筆者が言おうとしているのは、実はこれだけです。つまり、われわれはあるがままに文章を読もうとしているけど、決して読めないんだ。なぜかと言ったら、先入主を持っているから。と、まず、結論がポンときたよ。

「比喩」の役割

次、第二段落。こんどは**「比喩《ひゆ》」**。比喩というのは、**筆者の主張をもう一回、感覚的に分かりやすいものに置き換えて、繰り返すこと**です。これが比喩だから、結局筆者の主張の繰り返しにすぎない。見ていきましょう。うまい比喩を使っているよ。問題文の(2)を見てください。

(2)　個性としての先入主が掩蔽を起こし、テクストの上に光の当る部分とそれによってかくれる影の部分を生ずる。……別の読者は、同じテクストからかなり違った心象の世界を読みとることができるのである。

＊「……」は問題文の省略を示す。

分かりますか。**第一段落と同じことを、筆者は比喩を使って繰り返しているだけだよ。**われわれは文章を読むときに、先入主が掩蔽を起こし、影の部分を作っていく。掩蔽という言葉は、影の部分を作るんだから、「覆い隠す」という意味ですね。文章から推測できますね。

それぞれ先入主があって、それがあるために、文章に光と影ができる。われわれは影の部分は読まないんです。読んだつもりになっているけど、意識に残らずに消えていくんですよ。そしてとびとびに、光の部分だけを読んでいる。もちろん、先入主は一人ひとり全部違うから、同じ文章からも違った光と影ができるわけでしょう。だからおのおの異なった読み取り方をしてしまうわけですよ。

現代文の落し穴

なぜ僕が最初にこの文章を取り上げたか分かりますか。ここに書かれている事実が、君たちが現代文の問題を読む際にそっくりあてはまるからです。みんなこういうふうに読んでいるから現代文ができないんです。

いいですか。何となく本文を読んで、いいかげんに設問を解いている人は論外として、そこそこの人は、みんな自分はきちんと客観的に文章を読んでいると信じ込んでいるんです。**自分は客観的に読んでいるという思い込みがあるから逆に解けない**んです。分かりますか。みんな、あるがままに読んでいると思っている。ところが、実は読んでないんですよ。それにまず気づかないといけない。

君たちが実際にどういう読み方をしているかといえば、**みんな先入主があって、結局は影の部分を無意識のうちに読み落として、光の部分だけを読んでいる**んです。読み落とした部分はどうするかと言ったら、**何となくボヤッとした雰囲気で、勝手に繋《つな》げている**んですよ。これが、みんなが**客観的に読んでいるということの正体**です。

ですから、一生懸命、文章を読んだ、そして本文を根拠に設問を解いているつもりでも、実は光の部分はみんなそれぞれ違っていて、あとは感覚的なものでボヤッと繋げて、理解した気になっているから、いろんな答えを選んでしまうんですよ。これは人間である以上、絶対に避けられない。まず、この自覚から出発しないと駄目なわけですね。

だから普通に読んでたら、問題なんか解けませんよ。解けたとしても、満点を確実に取ることはできないんです。ところが**現代文というのは、満点を取れる**んですよ、きちんとやれば。

その上でどうしたらいいかというのが、今回の話なんですね。光の部分しかわれわれは読み取っていないことは分かった。それでもなおかつ、きちんと答えを出すにはどうしたらいいか、ということなんですよ。まず、ここから出発していきましょう。

さて、**問二**の問題にもどります。「朝読むのと夜読むのとでは、同じ文章でも感じが違う」という具体例はどこに入れるか、と考えて、第三段落以下を見ていきますよ。

(3)　その違いを生ずる遮蔽は、いろいろあるが、臨時的なものとして、読書をするときの気分が関係するらしいことはよく知られている。……抑制したりしているらしいことを暗示している。

「その違いを生ずる遮蔽《しゃへい》は、いろいろあるが、臨時的なものとして、読書をするときの気分が関係するらしい」

第三段落では、冒頭から「遮蔽」あるいは「先入主」の**具体例**をもってきた。例えばどんなものがあるかと言ったら、**本を読むときの気分**がそうです。

例えば失恋したとき、恋愛小説を読んだら、もう涙が出て止まらない、なんてことがある。この場合は、失恋したという悲しみがそのときの先入主を作るわけです。そして、悲しみが先入主となって、それと呼応《こおう》するところだけに光が当たって、小説の中のセンチメンタルな要素だけを読み取ってしまってるんですよ。だからしっとりとした気になる。そして感情移入が極《きわ》まって、涙がこぼれてしかたがないということが起こる。

ところがスポーツに熱中して、疲れた体で本を読んだ。そうすると同じ文章でも、こんどは今言ったセンチメンタルな要素は逆に影になっていくんですよ。だから、ちっともしっくりいかない。そういう例は、君たちの体験からもいくらでも思い起こすことができると思いますね。

さあ、**問二**の欠落文ですが、第三段落から先入主の具体例が出てくる。ということは、このあたりがあやしい。ところが、**第四段落も具体例**なんですよ。見ていきましょうか。

(4)　前に読んで大してカンメイ(B)しなかった作品が、時を経て再読してみると、大いに共鳴するということがあるかと思うと、……それぞれで読後の感想が変ってくる。

こういったことね。これも具体例。**時間に関しての具体例**ね。ある時読んだ本を、例えば十年後に読んだら、まったく違って感じられるんだよね。だから夏目《なつめ》漱石《そうせき》なんて、よく高校時代に読まされますけれども、まあ、高校生では理解できないと思うよ。大学に入ってから、あるいは三十歳ぐらいになったら読んでごらん。同じ作品でも、まったく違って感じるはず。なぜなら、十年間の間に、人間的成長があったから。その結果、先入主が変わったんですよ。あるいは、知識や環境、ものの考え方、感じ方が十年間で変わった。となれば、先入主が変わるから、光と影の部分が違ってきたんでしょう。これも先入主の具体例。

次、第五段落。また**具体例**。ところがこの場合は、もう読書の話じゃない、**景色**なんです。

(5) 同じ景色を眺めるにしても、離れて立つ二人には、全く同じものには見えないであろう。……人間にはそういう自己中心主義があるから生きていかれるようなものである。

こう言ってますね。読書に関して言えることが景色に関しても言えると。同じ**景色**でも、人それぞれ、あるいはその時の気分によって違って見えるでしょう。

例えば、人間の顔だってそうだね。人を好きになると「恋は盲目《もうもく》」、「あばたもえくぼ」と言います。夢中になったら、ああ、あの子、かわいいな、と思うわけですよ。ところが、失恋して冷めてしまった。同じ人の顔を見ても、あれっ、あの頃、どこがよかったんだろうと思ったりする。初めは好きだなという気持ちが先入主になったわけですよ。好きでなくなったら、先入主が変わってしまうんだね。こういったものだというわけです。

そして第六段落の初めで、具体例がまとめられます。

(6)　時と処《ところ》によって変る気分的なものもあって、読書にあたって働く先入主を一々の読者について追究することはとてもできないことであるが、……それから後に続くコンテクストの流れを規制するようになる。

「時と処によって変る気分的なものもあって、読書にあたって働く先入主を一々の読者について追究することはとてもできないことである」

という具合に先入主はまだまだたくさんありますよ、とまとめたんです。ということは、**具体例をあげているのは第五段落まで。その中のどこに欠落文が入るかを考えればよい。**

第三段落は、読むときの気分によって、先入主が異なる例でした。第四段落は、時間がたつことによって、先入主が変わる例。そして、第五段落は、景色の話。

そこで欠落文の内容を見てみると、朝読むのと夜読むのとでは同じ文章でも感じが違うという内容ですね。これは「人間的成長の話」じゃないでしょう。ましてや、「景色の例」でもないよね。「気分の例」でしょう。朝と夜では、気分が違うよね。朝は何かさわやかで、頭がすっきりしている。夜は、何か神秘的な感じ。

さらに、欠落文をもう一回見てごらん。

「同じ文章でも、朝読むのと夜読むのとでは、感じが違うものである。これも、朝と夜との生活的条件の相違が同一テクストから違ったものを引き出しているのであろう」

「これも」、**「も」をチェックしなさい。**「も」という言葉、非常に大事。**文法的根拠**です。「これも」と言っているから、**〝前に同じ具体例がないとダメ〟**だ。

先入主の具体例。気分云々《うんぬん》ということの具体例があって、「これも」同じ例だときたんでしょう。と考えたら、第三段落に、読書をするときの気分の話がきてる。そしてユーモア小説の話がきたわけでしょう。その例をあげておいて、これもまた同じである、ともってきたわけですよ。こういうところから、**問二**は、(3)の次にしか入ってこないと決定できるね。

この話は、要は、すべて冒頭に言ったことの繰り返しにすぎないんです。冒頭にポンと結論がきて、比喩でもう一回、それを繰り返し、そして三つ、具体例をあげたんですよ。そしてまとめたんです。

〈結論〉←〈比喩〉→〈具体例①〉←〈具体例②〉←〈具体例③〉←〈具体例のまとめ〉

こういう展開ですね。そして第七段落で、さらに先入主の具体例があげられています。言葉に関する例ですね。見ていきましょうか。

(7)　個人のもっている恒常的パタンはめいめいのもっている言語的特徴に表れる。いわゆる個人言語というものが、その人の先入主の体系のインデックス(目次)になるのである。個人言語が先入主となり、その人にとっては［①］

ものを(D)オオい去りやすい。別なことばで言えば、個人言語の中に繰り込まれているものは読み取りやすく、そうでないものは読み落す可能性が高くなるのである。

「個人言語」とは?

「個人言語」という言葉が出ていますけど、この言葉はこの講義でもよく使っていきますので、頭に置いておいてくださいね。**言葉というのは、一人ひとり違う。**それを**「個人言語」**といいます。もちろん、机とかノートとかいったものだったら、みんな共通の言葉を使ってますよ。でも**自分だけの感情とか、自分の考えたことを表現するときには、自分特有の感覚でもって言語表現をしている**んですよ。それが個人言語です。

だから、相手の気持ちなんて、そう簡単には理解できるわけない、お互いに。よくね、親は自分の気持ちを分かってくれないと言う人がいますけど、それはあたりまえの話で、その人は自分だけの感覚でものを言ってるんです。親であろうと他人です。感覚も経験も知識も違う人間だから、本来そんなの分かるわけないんですよ。

現代文で書かれた言葉はみんな個人言語です。ということは、**二重の意味で現代文は客観的に読めないことになる。**どんな文章も、筆者の個人言語で書かれているからです。それをわれわれの個人言語で読み取ろうと思っても難しいんだ。

「詩」を例にあげましょう。

なぜ詩が分かりにくいかといえば、例えばね、中原中也《なかはらちゅうや》は、中也固有の感覚で言葉を使ったんだよ。それをわれわれ読み手一人ひとり固有の感覚、あるいは個人言語や、辞書的な意味でもってつかもうと思っても、両者がオーバーラップすることはないから、本来、非常に難しいわけです。じゃあ、中也が分かるというのはどういうことかといえば、これは問題文中に書いてありますね。問題文の終わりから四行目を見てください。ここに線を引っぱりましょうか。

「個人言語の中に繰り込まれているものは読み取りやすく、そうでないものは読み落す」

こう言ってます。つまり、中原中也の言葉が分かったというのはどういうことかというと、読み手は**中也の言葉に近いものを、実は自分の個人言語の中で無意識のうちに探しているん**ですよ。そして近いものがみつかった。それで、ああ、中也が分かったなと思うんです。ところが、中也の個人言語、中也の言葉、これに近いものが自分の中にまったくなかったら、理解しようがないです。そういう人はもう、完全に中也が分からないんですよ、どれだけ努力したって。

でも本を読んだり、あるいは成長していけば、自分の個人言語がどんどん深まって増えていく。それによって、かつて分からなかった詩が分かるようになるということも起こってくるんだね。一般に詩が難しいとされる理由は、作者の個人言語の独自性がひときわ強く表れるジャンルだからです。

もう一つ、例をあげましょうか。よく入試に出る評論家に小林秀雄《ひでお》という人がいます。この人の文章は受験生にとって難解らしく、彼の文章が出題されれば、平均点が下がる傾向にある。でも、僕に言わせれば、小林秀雄ってのは実に明晰《めいせき》で、解きやすいんですね。

なぜみんなは解けないか、理由を言いましょうか。彼はもと詩人だったんです。中原中也の友だちで、彼と恋人を取り合ったくらいですからね。そういったわけで、彼が意識したかどうか分からないけど、彼の言葉は十分に詩的な言葉なんですよ、評論家なのにね。彼特有の感覚でものを言っている。だから、小林秀雄の詩的な言葉をわれわれが自分の感覚による言葉で理解しようとすると、わけが分からなくなる。

じゃあ、こんなときはどう対処したらいいか、ということも話していきましょう。

「空所問題」の解き方

とりあえず、気持ち悪いから、［①］に入れてしまいましょうね。

空所問題は何となくよさそうなものを雰囲気で選ばないこと。**空欄もしくは傍線部の前後を必ずチェックしなさい。**これを必ずやりなさい。理由は、またあとで言います。

とくに**接続語**、**指示語**、それに類するものがあるときは、二重のチェック。これは文法的根拠ですから、最優先ね。この場合はどう？［①］の前後を見ると、まず、そのあとに、**「別なことばで言えば」**とあるね。この［①］は、「別なことばで言えば」に引っぱられていくんですよ。こういうハッキリした脈絡があるのだから、何となく入れて、当てはまるものを選んじゃいけない。［①］は「別なことばで言えば」とあるので、**それ以下と同内容のものを入れなさい**ということです。もちろん、「別のことばで」と言っているんだから、表現は異なっていますよ。

読解の基本ルール 4

● 「空所問題」は空欄、傍線部の前後をおさえるのが鉄則。
● 特に接続語、指示語に注目!

さて、「別なことばで言えば」以下の文章を見てみますと、二つのことを言っている。

⑴「個人言語の中に繰り込まれているものは読み取りやすい」

⑵「そうでないもの、繰り込まれていないものは読み落す」

つまり、人の文章を読むとき、その文章は、著者の個人言語で書かれているわけでしょう。それに近いものが自分の個人言語の中にあれば、読み取りやすい。そうでなければ、読み落してしまうんだ。そして、このこともまた先入主となって、文章を隠す結果になっているんですよ。

それで、あらためて ① の前後を見てみると、

「個人言語が先入主となり、その人にとっては ① ものをオオい去りやすい」

こうありますね。文章を読むときに「オオい去」ってしまうというのは、「別なことばで言えば」以下の文章においては、先ほどの**(2)「読み落す」**のほうに対応してませんか。「[①]ものをオオい去」ってしまうというのは、「読み落す」ほうの話なんです。

じゃあ、どういうものを読み落すか。「どういうもの」にあたるのが[①]に入るんでしょ。ということは、「個人言語に繰り込まれていないもの」、自分の言葉の中にまだないものを読み落してしまう、ということでしょう。ということは、**「個人言語に繰り込まれていないもの」と同内容で表現を変えたものを選択肢から選びなさい**という問題なんです。

こうやってきちんと考えていくんだよ。

問三　空欄[①]・[②]をうめるのに最も適当なものを、それぞれ次の①群（イ〜ヘ）・②群（イ〜ホ）から選び、その符号の記入欄（省略）にマークせよ。

①
(イ)　あまり遮蔽として感じない
(ロ)　まだことばとして存在しない
(ハ)　すでに心象として成立している

(ニ)　決して体験として自覚されることのない
(ホ)　もはや恒常的パタンとして整理されている
(へ)　やっとインデックスとして登録されかかった

(イ)とか(ハ)とか(ニ)、あるいは(ホ)の「もはや恒常的パタンとして整理されている」というのは、今言った「個人言語に繰り込まれていないもの」の言い換えにはなっていない。だから論外。となれば、残るは(ロ)と(へ)ですね。(へ)はいけそうな気がするでしょ。まだインデックス（目次）になっていない。やっと目次になりかかったものを読み落す。もちろんそうかもしれないけど、これを入れる根拠はないんです。いいですか。その人の個人言語に入ってないものというのは、まだ目次になってないけど、やがてなるもの、という意味じゃないでしょう。

自分の中にないものは読み落すんだ、と言っているわけだね。と考えれば、(ロ)「まだことばとして存在しない」、つまり、**自分の個人言語の中にまだ存在していないもの、これが「個人言語に繰り込まれていないもの」の言い換えとしてふさわしい**ことになります。答えは**(ロ)**。

ついでに ② も入れましょう。本文最後の部分です。

「個人の場合と同じように社会や民族でも言語体系が遮蔽となっているものである。以上述べたところからも明らかなように、その遮蔽は同時に［②］のである」

問三　②
(イ)　真実を遠ざける原因でもあるが、それはまた、接近にもなる
(ロ)　個性を伝える媒介でもあるが、それはまた、障害にもなる
(ハ)　共感を深める契機でもあるが、それはまた、反発にもなる
(ニ)　理解を営む母胎でもあるが、それはまた、盲点にもなる
(ホ)　固執を生む要件でもあるが、それはまた、深化にもなる

これも同じように**空欄の前後**を見る。**すべて一貫したやり方で解くんだよ。**

「以上述べたところからも明らかなように、その遮蔽は同時に［②］のである」

じゃあ、「以上述べたところからも明らか」における、**「以上」**って何を指しますか。その前の、さっき君たちが線を引っぱったところ、

「個人言語の中に繰り込まれているものは読み取りやすく、そうでないものは読み落す」

という事実から「明らか」になるものが ② に入りますよ、ということでしょう。しかも、 ② の前に**「同時に」**という言葉がある。ということは、二つ同時に成り立っているわけ。それは何かといったら、その前に「読み取りやすい」と「読み落す」があるでしょう。これだね。「自分の言葉の中にあるものは読み取りやすい」し、そして「ないものは読み落してしまう」ということから、 ② が「明らか」だということでしょう。こういうふうに繋がってきます、文章は。

そこで選択肢を見ますよ。そうすると、まずダメなのが(ロ)の「個性を伝える媒介……」ね。今説明したこととまったく関係ないわけでしょう、個性なんて。あるいは(ホ)の「固執を生む要件……」も関係ないよね。選択肢を見ると、すべて、

「……でもあるが、それはまた、～にもなる」

というパターンになっていて、長所と欠点が同時にありますよ、という意味らしい。それで(イ)も(ロ)、(ホ)よりまだましだけどダメ。今、「自分の言葉にあるものは読み取りやすく、そうでないものは読み落す」と言っているわけで、「真実を遠ざける」とか、「接近」というのは、やっぱりちょっとずれていますね。

正解に至る手順

したがって、答えは(ハ)か(ニ)なんです。早稲田レベルの問題になってきますと、たいてい二つ残って、ここで迷って、間違ったほうを選んでしまうことが多い。二つ残ったらここからが勝負だよ。とにかく勝手に自分の判断で決めない。**二つ残ったら選択肢どうしを比べなさい。**どこが違うのか。まず前半。

(ハ)は「**共感を深める契機である……**」

(ニ)は「**理解を営む母胎……**」

何か似てますね。要は、自分の個人言語の中にあるもの、これは「共感を深めるきっかけ」になる、あるいは「理解を営む母胎」になる。どっちもいける。そこで後半を比較します。

「自分の言語にないものは｛(ハ)**反発になる**」か？ (ニ)**盲点になる**」か？｝

ここで自分の頭で判断しようとすると、「反発」でもいいような気がしてくる。しかし、二つ残ったら、絶対、**自分で決めない**。なぜかと言ったら、最初に言ったように君たちは客観的に読んでないからです。それは不可能だからね。読んだ気になっているだけだから、**自分の頭を信用しない。必ず、本文で決定しなさい。〝すべての答えの根拠は本文にある〟んだよ。**

読解の基本ルール⑤

選択肢が二つ残ったら、相違点を見比べて本文で決定する。

本文をもう一度見てみると、

「そうでないものは読み落す」

とあった。文章を読んでいくときに、自分の個人言語にないものは、**「読み落す」**んです。「読み落す」ということに「反発」という日本語を使いますか。「読み落す」のは**「盲点」**になるんでしょう。分かりますね。

なぜ間違うかといえば、本文をきちんと押さえずに、何となく押さえて、ふわふわとした雰囲気だけ頭にあって、その雰囲気をもとに自分で考えて判断するから、(ハ)「反発」を見たら、いけそうな気になる。「反発」、その通りだと思うんだよね。

いいですか、絶対に自分の頭を信用しない。確実に満点を取れる解き方を身につけなければ駄目です。必ず、本文に基づいて決定しなさい。

「反発」という日本語の意味を、君たちが知らないから間違うんじゃないんです。本文をきちんと押さえてないから間違うのです。「読み落してしまう」に近い日本語は、**(ニ)「盲点」**なんですよ。

これで設問の解答は終わりましたが、実はこの問題を解くことが、きょうの第一の目的じゃありません。これを素材に大事な話をしていこうと思います。今までに話したことの一部繰り返しにもなりますが、あらためて心に刻《きざ》みこんでください。

この文章は、現代文を解くに際して、重大なことをわれわれに示唆《しさ》してくれています。まず、われわれは文章を客観的に読んでいるつもりでも、実は読んでないんだと。光の部分だけ読んで、それをフワフワとしたイメージで何となく繋《つな》げて分かった気になっている。そして、そのイメージをもとにして答えているんだということですよ。

さらにもう一点、やっかいなことがある。それは筆者の言葉は、筆者だけのもので、われわれの言葉とは違ったものだということです。そういった二つの事情が重なって、答えは本文にあると分かっていても、なかなか正解を出せないんですね。

重層的に読む！

じゃあ、どうしたらいいのかといえば、それを解決するのにもまた二つの考え方があります。君たちは評論といったらすぐ起承転結といった構成を思い浮かべると思いますが、実際の入試では起承転結の文なんて、まず出ないんだ。これは前にも言いましたね。

どんなに短い評論でも、たいていは二〇〜三〇ページある。それをそっくり出題する大学なんて、まずないと考えていい。実際には数十ページある評論のどこか一部を切り取って、入試問題を作っている。結論部分が一番問題にしやすいので、**ほとんどの入試問題が結論の一部を切り取って作っている**わけです。それを起承転結の構成で読めといっても読めるわけがない。

だけど、裏を返せば、**入試現代文は「結」の一部を切り取ったものなら、所詮《しょせん》たった一つのことしか言ってないわけで、あとはそれを証拠をあげて、繰り返しているだけ**なんですよ。いいね。

例えば、五〇行の文章を、五〇行、並列的に並べて理解しようと思えば、そのすべてがわれわれの意識に残るはずがなく、どうしても影の部分ができてくるんだね。ところが、現代文はたった一つの結論をいろんな証拠をあげながら、繰り返しているだけなんです。

したがって、**並列的に読むんじゃなくて、〝重層的に文章を読んでいきなさい〟。**あ あ、この場面はこのことの具体例なんだなと。あ、筆者は証拠として漱石の文章を引っぱってきた。なぜか。今、言っている著者の意見と漱石が同じ意見だから引っぱったんだな。こうやっていくと、影の部分ができたって、それを主観や感覚でつなげて理解することがなくなるんです。**「評論はたった一つの結論の繰り返しだ」**と考えて、重ねて読んでいくんです。

そうすると、難しい箇所が出てきても、あるいは、分かりにくくても、なんとか推測することが可能になる。これは非常に有効な考え方ですね。この**「重ねて読んでいく」**という方法は、僕の講義の**重要な柱**となるものですから、後で実際に問題を解きながら詳しく説明していくことにしましょう。

さらに付け加えますと、短い時間で、五〇行の文章を全部頭に入れることは、絶対に不可能です。漠然《ばくぜん》としたイメージが頭に残るだけでしょう。でも、全体でたった一つか多くて二つのことしか言っていないとすれば、それをつかむのは簡単。それを核にして、他の箇所を全部重ねて、解釈していきます。そうすれば、読み落としも、読み間違いもなくなります。短い時間できちんとできる。これが大切な考え方の一つ目。

文脈の働き

そしてもう一つ。たぶん一番みなさんが分かっていないのは、**文脈**に関してでしょう。さっき述べたように、言葉というのは、揺《ゆ》れ動くものです。状況や場面によって、あるいは人それぞれの感覚や経験によって、言葉の意味やニュアンスは全部違う。

このことを外山滋比古《とやましげひこ》は「個人言語」という言い方で表していたわけですが、例えば、私たちが一つの言葉の意味をつかもうとしても、その言葉は状況や場面によってさまざまに揺れ動いている。そこで、仕方なく自分の感覚に一番近いものを選んでしまう。その結果、感覚は人によって全部違うから、一つの言葉に対していく通りもの解釈ができていくんですよ。だから現代文は難しいんだね。

確かに言葉というのは、単独で使われたら揺れ動きます。そしていろんな意味になります。

あるいは、いろんな意味に受け取ることができるんです。君たちの持っている単語集や辞書に書かれてあるさまざまな語義がそれです。

でもね、言葉が単独で使われることなんてまずないんです。どんな言葉でも本文に入った瞬間、事情は一変します。その言葉は、前の部分に引っぱられていくんです。同時に、後ろの部分にも引っぱられていく。で、揺れ動くものが、両方からグッと引っぱられてごらん。きちんと止まりますよ。その固定された意味をきちんとつかみなさい、ということです。

例えば、上下運動する球を両端から糸で引っぱってごらん。球は止まるでしょ。同様に**文章の中で言葉は、無数の糸で引っぱられているのです。引っ張られて意味が決まる。その働きが文脈の力というものなんです。**

もちろん、すべての文章の意味を文脈から規定しろと言っているわけではないよ。それは大変な作業だからね。でも、ポイントとなるところはきちんと文脈から押さえなさい。例えば**空欄や傍線部は、必ずその前後を見なさい。特に接続語、指示語などがある場合は、その面から二重のチェックが肝要《かんよう》です。**それらは文脈を正確につかまえる有効な手段なんです。これをやっておかないと、一転、現代文は感覚の教科になってしまいます。

読解の基本ルール6

◎「入試評論文」の特徴

● 「結」「結」「結」の構造を考える。

↓重層的に読む。

● 「個人言語」で書かれている。

↓文脈で言葉の意味を規定する。

↓その際、指示語、接続語に注目！

いいですか。**現代文は全体と文脈、この二つを正確につかまえていないと、本当の理解は得られません。**

なぜ「論理」が重要なのか

さあ、それでは最後にもう一度大事なことを言いますよ。

まずね、入試現代文の、まあ八割ぐらいは「評論文」です。評論というのは論理によって貫《つらぬ》かれた文章でしょう。それでは「評論」って、いったい何かといえば、自分の意見を人に伝える手段なんです。

ところが、ここで大きな問題がある。読み手は不特定多数の誰かなんですよ。いったい誰が読むか分からない。そして、その不特定多数の読み手は言葉も感覚も、全部が違う。だから**自分の意見は、まず「相手には分かってもらえない」というのが評論の前提**なんです。もちろん、「えんぴつを取ってくれ」とか、「おなかがすいた」という程度なら万人共通の言葉で間に合いますが、自分だけの考え、自分だけの感情を伝えるには、結局自分だけの言葉によるしかないわけです。自分だけの思いを自分だけの言葉を使って、不特定多数の誰かれに伝えようとするとき、方法は一つしかない。それが**「論理」**なんですよ。

〈1+1=2〉というのは君たちの経験や感覚と関係なく、やはり〈1+1=2〉でしょ。それは〈1+1=2〉が論理を表現したものだからです。つまり、不特定多数の誰かれに向かって自分だけの言葉で正確に伝えようとするなら、人は論理という手段を使うしかないのです。

そういった意味では、**現代文は数学とまったく一緒なんです。**数学は、論理を記号や数字を使って表すもの。それに対して、「論理」を日本語によって表したのが現代文の「評論」です。だからこの二つはいちばん近いんだね。一見、いちばん遠いようで、いちばん仲良しなんですよ。それをみんな、現代文は数学と正反対で、文学だとか、感覚的なものだとか、間違ったイメージでとらえてしまうんだね。現代文は数学と一緒です。

しかし一方で、数学と現代文とは、まったく相容《あいい》れない性質も同時に持っているのです。つまり、自分の思想を論理で表現するということまでは共通。その論理をどういう手段を使って表現するかというと、数学は記号や数字ですね。ところが、この記号や数字というのは揺れ動かないんです。〔1＋1＝2〕における〝＋〟という意味は、きみたちの生いたちや感性とは関係ない。みんな共通の意味で通じるでしょう。

ところが今まで述べてきたように、現代文は論理を日本語で表さなければならない。つまり、「個人言語」ということです。そして、その言葉は揺れ動く。論理そのものは普遍《ふへん》的ですけど、それを表現する言葉が数学における記号と違って、たえず状況に応じて様々な意味に変化します。だから、同じようにきちんと論理的に書いてある文章でも、われわれが自分の個人言語で読んでしまうと、人によって言葉の感覚が違うから、いく通りもの答えになってしまう。

そこで、どうしたらいいかというと、先ほど言った**文脈**という考えを導入しなさい、ということになるわけです。**文脈によって言葉を規定していけば、言葉は固定化されます。**そうすると、言葉は揺れ動かず、数学の記号と同じになってくる。その結果、**現代文は感覚の教科から論理の教科に早変わりする**わけですから、数学と同じように明快に解けます。答えはきちんと出ます。とりあえず、今回は「文脈」ということの重要性を認識してもらえば、充分でしょう。

解答

＊問題1

問一　(B)―(ホ)　(D)―(ハ)　問二　(3)

問三　①―(ロ)　②―(ニ)

第2回

論理的読解法①

講義のフォーカス
焦点

- 入試評論文は「結論と論証過程」で成り立っている
- 欠落文挿入問題の解法
- 長文選択肢は〝一点に着目して解く〟

今回は初めに「小論文」の話をしましょう。入学試験に「小論文」を出題する大学がありますね。ところが君たちの書く「小論文」というのは、僕が読んだらほとんど「小論文」になっていないんだ。たいていは「感想文」なんですよ。

では、「感想文」とは何かといえば、あることに関して意見を求められたら、例えば「私はAと思います」「Bと思います」で終わっている文章。これは論文として零点《れい》ですよ。Aと思おうがBと思おうが、これは君たちの自由です。Aという意見と、Bという意見は、どっちが点数がいいと言えますか。個人の自由じゃない？　Aのほうの意見が正しいと言って、高い点数をあげたら、その学校は思想の自由を侵《おか》したことになります。これは憲法違反なんですよ。やってはいけないんだね。

よく「小論文」は独創的な意見を書かなくてはならないと言われるけど、大きな誤解ですよ。Aと思おうと、Bと思おうとかまわない。それは個人の自由なんだ。**「私はAと思う」、そこが帰結ではなくてそこから出発するのが「論文」なんです。**自分の感想を述べて終わるのが「感想文」です。そこには論証がないんです。自分はAと思った。でも、採点官はAと思っていない、ということを前提にして、自分と反対の意見や感性をもつ相手に有無を言わせないように説得する。**「小論文」はその論証過程に点数がある**んです。

現代文で出題される評論文の本質も、それと同じなんだよ。入試における評論とは、起承転結という構成をもつ論文の、例えば「結」の一部を切り取ったものだから、結局は**「結論と論証過程」で問題文は成り立っている**、そう考えていい。

論証の方法

では、具体的に**どのように論証していくか**と言いますと、例えば「Aである」という主張を、今、筆者が何とか不特定多数の人に伝えようと思った。どうやったらそれが伝わるか。一回言ったけど、心もとない。あるいは人はそう思っていないかもしれない。そこでもう一回繰り返す。だから、大事なことは、何度も何度も繰り返されます。いいですか、ところが、今述べたことは半分はウソで、半分は本当なんだ。

表現を換えて言えば、**本当に大事なことは、二度と繰り返しません。**逆なんです。本当においしいことは、一回しか言わないよ。

例えば、今、この場で、僕が同じことを何十回も繰り返し言ってごらん。みんなかえって聞かないに違いない。くどいな、また同じことを言ってるって。ましてや、活字に残すとなると、こんな下手な文章はないでしょう。

皮肉なことに、自分の言いたいことを強調するあまり、繰り返せば繰り返すほど、逆に相手には伝わりにくくなる。ここに表現の難しさがあるのです。

では、どうしたらいい？ **〝形を変えて、繰り返す〟しかない**んですよ。それは僕は、**A´**と言っています。でも、内容としては、**Aの繰り返し**なんです。

入試問題は起承転結の「結」の一部を切り取ったもの、と前に言ったね。だから、**たった一**

つのその結論を形を変えて、「結」「結」「結」と、繰り返しているだけなんだ。いいね。

読解の基本ルール7

筆者の主張は、形を変えて何度も繰り返される。

「引用文」の働き

では、どのように形を変えて繰り返すのかというと、例えば、**具体例**をあげていきます。

前回の問題もそうだったでしょう。「先入主」の例をどんどんあげていく。これは相手に有無を言わさぬように証拠をつきつけていくことです。あるいは、**自分の体験**をあげる。

例えば、先日、こんな話を聞きました、こんなことがありました、と自分の身近なところから具体例をもってくる。エッセイなんかに多いね。それ自体にはたいした意味もないんだよ。そこで判断するのではなく、そのあとに筆者の意見（A）が出てきます。それをつかまえて、重ねてみなさい。Aということを言いたいから、いろいろ身近な例を引っぱってきたんでしょう。そのねらいをハッキリつかまえないといけないんです。それをバラバラに読むからダメなんだ。**〝筆者の意見（A）と具体例（A′）を重ねていく〟**。前回もしつこいくらい言ったね。

あるいは、僕の読解法の中でもよく指摘する有効な手法が、**「引用」**なんです。引用というのは、人の文を引っぱってくること。文章を読んでいくと、何か哲学者の文章が引っぱってある。難しくて読みにくい。わけが分からなくなって、みんなそこであせるでしょ。ところが、そんなのどうだっていいんです。

なぜ、その哲学者の文を引っぱったの？　自分と同じ意見の箇所だから引っぱったんですよ。こう言ってるのは自分だけではなくて、ほら、漱石《そうせき》も言ってるよ、サルトルも言ってるよ、と引用した。だから**「引用」も同じことを形を変えて繰り返してるだけなんだ。**全部、筆者の言いたいこと**（A）の繰り返し**なんです。

例えば融合問題で、こんなのがよくあります。『徒然草《つれづれぐさ》』はこんな作品だ、と筆者が一生懸命説明しているとする。そして次に古文がいきなりポンときた。

なぜかといえば、『徒然草』とはこういう作品だということの裏付けとなる箇所だから証拠として引用したんですよ。目的がそうなんだから、現代文で書いてあることをきちんと押さえて、古文を重ねてみなさい。古文はほとんど理解できなくても、重ねることによって現代文から推測できます。

「比喩」の働き

もっと繰り返したかったら、**人間は感覚の動物ですから、感覚に訴えて繰り返してきます。**これを僕は**A″**と言ってます。これが**「比喩《ひゆ》」**の働きです。比喩とは、筆者の言いたいことを、いったん別の身近なものに置きかえて、繰り返すことです。あるいは、もっと形が変わっていくと、「象徴表現」というものになってきます。

ここまでのことを図式にしてまとめてみると次のようになります。この記号は、これからもずっと使うからね。

読解の基本ルール8

◎評論文の構造

A……筆者の主張

←A′……具体例・体験・引用

←A″……比喩

入試問題とはどういうものか？

それでは、入試問題というのはどういうふうに作られるか？　前回からも言っているように、要は「結」だけの文章なんだから、この結論、筆者の主張を君たちがちゃんとつかんでいるかどうかというのを出題者は聞きたいんでしょう？

だからといって、このAの部分に線を引っぱって、「どういうことか説明しなさい」という問題を作るかといえば、そんなバカな問題は作りませんよ。

　同じことを形を変えて何回も言っているのだから、出題者の立場に立てば、**一番もとの形から遠いものこそ出したいわけでしょう。そこで〝「比喩」などが入試にはよく出題される〟**のです。「比喩」の表現の部分に線を引っぱって、さあ、これはどういう意味かと。ところが、「比喩」というのは、その部分だけ見ると人によっていろんな解釈ができる。そこで、みんな自分の解釈に近いものを選んでしまうんだね。

　しかし、それじゃダメなんだ。なぜ筆者は比喩を使ったのかといえば、実は**A**ということを印象づけたいために繰り返しただけなんですね。結局、傍線部というのは、Aの繰り返しなんだから、**〝本文からAを探しなさい〟**ということなんです。だから、根拠は全部、本文に求めなさい、と僕は言っているんです。

A″……比喩（問）
↑
A……著者の主張（答）

現代文に関する誤解

実を言うと、僕も高校時代、現代文が一番苦手だったんです。もういやでいやで仕方がなかった。本は読んでたよ。だから、自分の読む力にはものすごい自信があったんです。でも、現代文はいつも、科目の中で一番成績が悪かった。けれど、僕は頑固《がんこ》に自分の読み方を変えようと思わなかった。その結果、思うような点数が取れず、いつでも不満でしたね。

なぜかと言ったら、自分が文章を読んで、こうだと思うけど、先生の説明と違うことがある。でも、自分には自分の読み方があって、それはそれでかまわないと思っていた。そんなふうに、文章は人それぞれいろんな読み方があるはずなのに、先生の読んだ通りに答えないとバツにされた。しかも僕の読み方がなぜ間違っているのか、納得できる説明をまったくしてくれない。先生の読み方だけが絶対で、誰もが同じ読み方をしなくてはいけないなんて、なんてひどい教科だ、と思ったわけです。自分の個性がつぶされていくような気がして、本当に嫌だった。

こういった疑問を持っている人は結構多いと思います。最近は、逆に、変にもの分かりのいい先生がいたりして、何を言っても、こっちの考えを尊重してくれることがあるんだが、どっちもおかしいんですよ。

僕は傍線部の解釈について、自分はこう読んだんだけど、なぜダメなのか、人それぞれいろんな感じ方があっていいじゃないかと思っていたわけだけれど、実は、現代文というのは、一切そういうことは聞いてなかったんです。僕は大きな思い違いをしていた。傍線部に関して、入試では**本文に「どう書いてあるか」**しか聞いてないのに、高校生の僕は無意識のうちに、**「どう思うか」**にすり替えて読んでいたんですよ。

どう思うかということだったら、どう読もうと、人の感性の問題で自由です。何が正しいか、間違いかって、これは誰にも言えないんです。全部正しい。先生には先生の感じ方があったわけでしょう。僕には僕の感じ方があって、なぜ僕のはダメなんだ、といった具合になってしまったんですよ。となったら、いっぺんに現代文は、感覚の教科になってしまいます。

ところが、実はそんなことはだれも聞いてなかったんですよ。自分の中で、無意識のうちにすり替えをやってたんだね。「どう思うか」じゃなくて、「どう書いてあるか」しか、入試では聞いてなかったんです。また、そうとしか、入試では聞けないのです。思想の自由があるから。

そういうわけで、入試で問われるのは常に本文に書いてある〝客観的な事実〟です。筆者は、その主張を論理という手続きで、繰り返していくのだから、論理の道筋を辿《たど》って行けば、だれもが納得するはずの正解が必ず見つかるということです。

論理的な文章とは

そこで、「論理とは何か」ということに関してちょっと参考になる文章があるので、見てみましょう。これは東京大学に出た問題ですが、設問は省《はぶ》いてあります。

参考問題

▼別冊8ページ参照

本文を見ていきましょう。これはおもしろいですよ。はじめに「論理」って難しいというけど、所詮、

『……でない』『……かまたは……』『……でありまた……』

『……はみんな』『何々は……である』

これら**五つの言葉、五つのルールの組み合わせにすぎない**んだ、ということが書いてありますね。そして次に、

だから「論理的である」、つまり「論理的に正しい」ということもこれらの規則の正しい組み合わせであるということにほかならない。……ということは、それらは事実についての情報を全然もっていないということである。

事実というのは、一個一個違う。論理には事実についての情報が全くないから、普遍的なんだ。そして、

六法全書をいくらひっくり返してみても誰《だれ》がいつどこで誰の金を盗んだといった事実情報が全然でてこないのと同様である。……何が何であろうと明日は雨か雨ではない、それはそうであろう。

「明日は雨か雨ではない」というのは「〝雨〟と〝雨ではない〟は両立しない」というあたり前のこと、それ以外ないでしょう。こう言ってますね。

同じことが「論理的な話の進め方」についてもいえる。……
……だからあらためて「このお菓子はお前のもの」と言うことは、もうすでに前に言ってしまったことを繰り返して言うことなのである。

難しくないですね。次。

すでに一度述べたことをあらためて再度繰り返す、間違いっこはない、だから論理的に正しいのである。

さあ、僕が**「論理的な文章とはどういうものか」**ということを説明するために、なぜこの文章を引っぱってきたか、分かるでしょう。

前提から帰結を正しく引き出すとは、五つの基本語の規則に従って前提ですでに述べたことを帰結で再度述べることなのである。……だから同じことを繰り返す、つまり、冗長であることが論理的であることなのである。

つまり、**「論理的」というのは、一度述べたことを、〝何度も形を変えて繰り返す〟こと**なんです。だから僕の言う論理についての考え方を、東大の入試問題の文章が証明してくれた形になっています。「ここのお菓子はみんなお前のだ」が筆者の主張 **(A)** とすると、次に、「このお菓子はお前のもの」「その隣のお菓子もお前のもの」と繰り返すはずです。それが **A′** (具体例など) なわけです。

だから、文章を並列的に読んで、先入主によってできる光の部分だけを勝手に拾い、あとは自分の漠然《ばくぜん》とした感覚で判断して何となく理解した気になっていてはダメなんです。

論理的な文章は、必ず、〝同じことを何度も繰り返す〟のだということを意識しながら、**〝さまざまなA′やA″をつねに大本《おおもと》の一つの主張や結論に重ね合わせて解釈する〟ようにしなさい。**そうすれば、どんな設問でも確信をもって解けるようになります。

では、これまで述べた読解法を整理してみよう。

解法の視点①

◎文章を〝論理的につかむ〟

(1) 人間は皆先入主を持っているから、客観的に文章を読むということは不可能である。

(2) だから、自分の頭を信用してはいけない。

(3) 入試問題の文章は、論理的である限り一つの結論・主張（A）を形を変えて何度も繰り返す構造になっている。同じ主張を反復しているのだから、それらの主張を重ねて解釈しなさい。

(4) この作業によって、先入主がおおい隠していた影の部分が光の部分と重ね合わされ、そこではじめて筆者の主張が正しく把握できることになる。

大事な解法の視点がもう一つあったね。

解法の視点②

◎言葉を〝文脈で固定する〟

(1) 言葉というものは所詮、個人言語であって、一人ひとりの感覚や知識の度合いによって様々な使われ方をするし、また状況や場合によっても揺れ動くものである。

(2) だから、筆者の個人言語を読者の個人言語で理解しようとしてはならない。筆者の言語は筆者の言語の中でつかむということ。

(3) それはとりもなおさず、文章の前後関係、つまり文脈から言葉の意味をつかむということである。

以上が僕の**現代文読解法の大原則**です。

では、この二つの原則を武器にして、入試問題を攻めていってみよう。

今回も早稲田大学の問題で、**入試頻出の言語論**です。さっそく［問題２］に取り組んでください。

問題 2

藤沢令夫『言葉』

▼別冊11ページ参照

「言語論」の前提

問題をやる前に**言語論**についてちょっと説明しておこうと思います。

われわれが普段使っている言葉というのは、所詮すべてが「観念」にすぎません。ところが、**われわれが伝えたい事柄は具体的なものなのです。だから、それ自体が「一般的・固定的」な観念である言葉でもって、「純個別的」な事柄を正確に伝えようとすることは、そもそも不可能なわけ**です。つまり、〝表現する〟ということの中に、矛盾《むじゅん》を含んでいるわけですね。それを筆者は**「言葉と事柄との間には距離がある」**という言い方をしています。

例をあげましょうか。いま一冊、僕が週刊誌を持っていたとする。「ポスト」でも「現代」でもなんでも結構です。そこでもし、「これはなんですか」と聞かれたとすれば、例えば「あ、それは週刊なんとかですよ」と答えるでしょう。

実は、これではなにひとつ答えたことになっていないんです。というのは、いま問題にしているのは、僕が持っているその一冊限りの特定の週刊誌でしょう。単に「週刊ポスト」といったら、過去何十年もずっと発行され続けている「週刊ポスト」全部の総称になってしまうんです。かといって、「何月何日発行の第何十号の『週刊ポスト』だ」と言ってもダメなんだ。それでも、やっぱり何十万部と発行しているその号の雑誌全部の総称でしょう。

たった一冊限りのこれを示そうと思ったら、「この『週刊ポスト』」と言うしかないんです。**「この」というのはそのもの自体を指さしているんです。指をささなきゃダメだということは、結局、言葉ではものごとを示せないということ。**これが**「言葉の限界」**です。こういったことは**言語論の前提**ですから、まず理解しておいてくださいね。そういうことを考えてこの本文を読んでいくと非常に分かりやすいと思います。

さあ、それでは本文に入っていきますよ。まず段落(A)から。

夕暮れちかく、私はいま、窓の外に濃淡をなして重なり繁る緑の木の葉に見入っている、とする。家人から「いま何をしていますか」と聞かれたら、私は、よほど機嫌のよいときなら「窓の外の緑の木の葉をながめている」とでも言うだろうが、ふつうならただ「外をながめている」とか、あるいはおそらく、「何もしていない」とだけ返事をするであろう。

「具体例」から入る文章

さあ、ここはどうですか。**この文章は具体例（A′）から入っています。**まず「緑の木の葉」という分かりやすい具体例から入ってきた。具体例（A′）が出てきたら、その後で必ずそれらを**一般化したところ（A）があるはず**です。筆者は何が言いたくてこんな具体例（A′）から入っていったのか。それが、一般化の部分（A）にまとめられてくるわけです。だから、

「文章がA′から始まっている場合は、Aを探しながら読んでいく」

というのが鉄則です。

次いきますよ。**空所問題**が出てきます。

安定した日常生活のなかでは、特別のことでもないかぎり、言葉は簡単に無造

作に使われ、そしてそれで充分に事は足りる。(1) われわれはなるべく簡便に事を足らせるためにこそ、言葉を使う。(A)

問一　空欄(1)〜(3)に入れるのに最も適当な語句を、それぞれ次の中から選び、その記号を答えよ。ただし、各語句は一度しか用いてはならない。

(イ)　まして　(ロ)　やはり　(ハ)　あるいはむしろ　(ニ)　これに反して
(ホ)　いやしくも

頻出接続語「むしろ」

さあ、空欄 (1) には何が入る？　**接続語のたぐいは漠然と入れてはダメ。**選択肢を見ると、順接的なものはありませんね。逆接的なものは(ニ)「これに反して」があります。(ロ)の「やはり」は、前に一回言ったことを「やはりそうだ」と、もう一回確認するときに使うでしょう。「まして」と「むしろ」はちょっと特殊な使い方をしますけれども、とくに**「むしろ」の方はよく出ます。**

「むしろ」というのは、「AよりむしろBだ」、「あるいはむしろBと言ったほうがいい」といった使われ方をして、**空欄の前後の事柄を比較する**んです。**比較して、空欄の後のほうがいいといった言い方をするとき、「むしろ」を入れます。**この「むしろ」は選択肢としてかなり頻《ひん》繁《ぱん》に出てきますから注意してください。

この場合 (1) の前は、言葉は簡単に使われて、それで十分事が足りるという内容でしょう。(1) の後は、簡単に用を足すために言葉を使うという内容。ということは、同じことを言っているんです。だから、これはイコールの接続語。

もし選択肢の中に、「つまり」とかがあったらややこしいけれど、幸いここには含まれていません。

実は (1) の前後の文は2つとも同じ内容だけれども、**後の文の方が「こそ」を使って、前の文をより強めた言い方になっている**んです。ということは、前よりも後のほうがいいんだ。だからこそ「AよりむしろB」という、「むしろ」の典型的なパターンが生きてくる。ということで、「あるいはむしろ」の(ハ)を入れておきます。

言葉の長所

ここまでが(A)段落。こんなふうに記号がついているときは段落ごとに内容を取っていきます。(A)段落は何が書かれているかといったら、言葉の長所についてです。では、言葉の長所とはどんなところ？　簡単に用を足したいとき言葉はいちばん役に立つんだね。

日常生活の中で、例えば「それ取って」と言うでしょう。言葉だったら簡単。「それ取って」と言ったら、すぐこちらの意志は人に伝わります。ところが、言葉以外で「それ取って」を伝達しようと思ったらどうしますか。そのもののそばまで歩いていって「これを取って」という何らかの形の意志表示をするくらいだったら、初めから自分で取ったほうが早いもんね。

それとも、毎回絵を描きますか。あるいは音楽でいちいち表現しますか。踊ってみせますか。どれもたいへんだよね。でも、言葉があれば簡単でしょう。言葉の存在意義は簡単に用を足すことができるところにあるんだと思ってください。これが段落(A)の内容。次、段落(B)にいこう。

けれども、かりにもし私が、この樹々の葉の重なりが夕方の光のなかでつくり出している緑の光彩と陰影に特殊な感動をおぼえて、その様子を私自身のためにせよ、他人のためにせよ、正確にそのまま描写して伝えたいという衝動にかられたとしたら、事情はたちまち一変するであろう。むろん、先に言われた(X)「私は緑の木の葉をながめている」という文などは、私が感動し、私が痛切に記述したいと欲しているものを、まったく何ひとつ伝えてはいない。……逆にまた、その私の心情、そしてそのときの私の個体内条件のすべてが、私の知覚内容にやはり刻々と参与して、影響をあたえる。(B)

言葉の短所

この段落の内容は、**論理を追っていれば予測できる**んです。段落(A)に、簡単に用を足すときには言葉は役に立つとありますが、これは裏返して言えば、**正確に物事を伝えたいときには言葉なんてダメだ**ということなんですよ。こういうふうに論理が展開してくる。

そして、このときの自分の気持ちや情景を表現するのに、場合によっては音楽や絵画のほうが正確かもしれない、という**段落Ⓓの冒頭の記述**へとつながっていきます。

さて、**段落Ⓑも具体例（A′）**です。となったら、**どこかでこれを一般化するはず**。次の段落Ⓒでそれをやっていますね。

段落Ⓑの内容ですが、すでに段落Ⓐで言葉の長所について述べたから、今度は短所でしょうね。**段落Ⓑは冒頭の言語論の説明でも触れた「言葉の限界」の話**です。自分の伝えたいことは、実は言葉ではなにひとつ伝えられないということです。

どういうことかといったら、例えば、いま、ある感動を覚えながら木を見ているとするでしょう。それで「いま何を見ているの」と聞かれて、その感動を正確に言おうと思ったらどうしますか。

「木を見てる」なんて答えはダメです。「木」といったら「観念」そのもの、世界中の木全部の総称だもんね。もっと具体的な説明をするとなったら、例えば、「目の前にある木の、右から数えて三本目の、そして、枝は上から数えて七つ目の、その枝のたくさんある葉の、だいたい右三本ちょいの距離の、この瞬間のあの色合いの、あっ、次の瞬間色が変わった。あっ、また変わった」といったことまで言いますか。

言葉でこういったことを表現することは所詮無理なんだ。**本当に伝えたいことは一個しかない。そして、それは一瞬のものなんだから。**結局、言葉は簡単に用を足すために使うもので、「何をしているの」と聞かれたら、「何もしてない」とか、「ぼんやりしている」とか、「木を見てる」と言うしかないんです。これが**言葉の持つ限界**です。

さあ、そこで問題です。**問四**のまずは傍線(X)。

問四 傍線(X)・(Y)に対する説明として最もふさわしいものを、次の(X)群・(Y)群からそれぞれ一つ選び、その記号を答えよ。(選択肢は別冊「問題編」を参照。以下同様)

「(X)の説明にふさわしいもの」を選ぶわけですから、まず見た瞬間、(へ)と(ト)の2つはダメ。「ミドリノコノハ」という音声。これは**「無関係」**ですね。選択肢に本文と関係ない内容が含まれていれば「無関係」。**現代文はあくまで本文にどう書いてあるかを聞いているのだから、本文に書いていないことは全部ダメ。**音声の話は今いっさいしていない。わざわざ片仮名を使って正解らしく見せるような工夫をしているけど、こんなことでひっかからないでね。

読解の基本ルール9

本文中に書いていないことを含む選択肢は、無関係で、消去する。

(ヌ)「『緑の木の葉』という言葉はそれが指示する事象を越えた意味をもつことがあるが、そのためにかえって他者への伝達が困難」――これも話になりません。これは、**筆者の意見と逆**でしょう。本文では、逆になにひとつ伝えていないと言っている。となれば、残るは(チ)と(リ)です。

二つ残ったら比べなさい。 **選択肢が最後に二つ残ったとき、自分の感覚で選ばず、二つを見比べながら本文で決定したかどうか、そこが分かれ道になる。**それはふだんから意識して実行しなければダメ。

読解の基本ルール 5

選択肢が二つ残ったら、相違点を見比べて本文で決定する。

残っているのは(チ)と(リ)ですね。まず(チ)はどうですか。

(チ)「私は緑の木の葉をながめている」という文は「私」がどのように感動したかを記述していないから、「私」の体験のすべてを伝えうる文にはなっていない。

一見、いけそうだね。確かに、言葉では「私」の体験、感動をすべて正確に伝えることは不可能です。

(リ)「緑の木の葉」という言葉はそれを発した人の直接的体験にとって代わることができないが、それは結局言葉の限界にほかならない。

これもいけるんじゃないの。言葉はその感動のすべてを表してはいないんだから、直接的体験にとって代わることはできない。本文ではこのような表現の仕方はしていないけれども、言っている内容は間違いではない。

「イイスギ」に着目！

さあ、どうしますか。迷うね。でも、君たちは迷っちゃダメだよ。というのは、(チ)に「すべて」という言葉がある。いいですか。「『私』の体験のすべてを伝えうる文にはなっていない」。

「すべて」という言葉があれば、「イイスギ」の可能性がある。

いま仮に正しい選択肢があるとするよね。そこに、後からたった一個、例えば「絶対」とか「あらゆる」、「のみ」、「唯一」、つまり**「例外を許さない強い言葉」を一個入れておく**んですよ。そうすると、みんな間違ってくれる。その一個の言葉を除いては正しいんだもん。あとはみんな本文に書いてあるとおりなのだから。こういうのが**「イイスギ」**。普通の修飾語句でなく、こんなに強い言葉をあえて付け加えたということは、意図的に受験生を引っかけてやろうという作戦なんですよ。

といって、こういう言葉があれば、必ずペケ、と思っちゃだめだよ。現代文は、本文中にどう書いてあるかを聞いてるんだから、文中に「唯一……である」とあったら、選択肢に「唯一」と入っていても、もちろん正しいわけです。

読解の基本ルール⑩
選択肢に例外を許さない強い言葉があれば、イイスギの可能性がある。

そこで本文を検討する。

傍線部(X)を見ると、「まったく何ひとつ伝えてはいない」――全面否定です。(チ)は、「すべてを伝えうる文にはなっていない」――部分否定。つまり、かなり伝えてはいるが、「すべて」を完璧には伝えていない、ということです。

それに対して傍線(X)は「まったく何ひとつ伝えていない」。明らかにおかしいでしょう。分かった？　だから、例外を許さない、強い言葉に気をつけていれば、この間違いは発見できたはずです。こういった選択肢が怖いのは、**「すべて」とか「唯一」という言葉以外、他の部分は全部正しいから、ハッキリ意識しないと見落としてしまう**、というところです。いいですね。**答えは(リ)。**

次にいきましょうか。いま段落(B)はA′（具体例）をあげた。具体例で終わる文章はありませんから、**その具体例をどこかで一般化するはず**です。では、段落(C)を見ていきましょう。さあ、最初の文に線を引っぱって。

「緑の木の葉」という言葉の向こう側には、このような純個別的で純瞬間的な「事象」の具体的全体がある。 (2) 言葉はその本性上、一般的なものを固定的にしか表現できないようにできている。

"A′（具体例）→A（一般化）"

つまり、われわれの伝えたいことはたった一個しかない。それが純個別ということ。そしてそれはまた同時に一瞬のものでもあるのです。純瞬間ね。**冒頭のA′（具体例）をここで一般化したん**でしょう。

次の文を見ます。「一般的なもの」というのは「純個別的」の反意語、「固定的」は「純瞬間的」の反意語。だったら、 (2) には**まったく正反対の文をつなげる言葉が入るはず**と思って探せば、選択肢(ニ)の**「これに反して」**しかないね。こうやっていくんだよ。

私は、あらゆる形容と修飾の語を総動員して、「緑の木の葉」という言葉を拡大し、たとい百万語を費やそうとも、この純個別的な具体的全体を埋めつくして、私の現に見ているものをそのまま伝えることは、ついにできないであろう。(C)

ここまでが**段落(C)**。ということは、段落(B)、(C)は同じ内容です。**言葉の限界について、(B)で具体例をあげて、(C)で一般化している。言葉では自分の伝えたいことはどうしても正確には伝えることができないんだ**、と言っているわけです。

はい、つづいて段落(D)にいきます。「本来的に」から「おちいるであろう」まで線を引っぱりましょう。

言葉は、絵が事物を描写しうるほどには事物を描写することができず、音楽が感動を表現しうるようには感情を表現することができない。人がどこまでも自然ありのままのものや自分だけのかけがえのないものを尊重し、自己自身に誠実であろうとして、しかも言葉と事象とのあいだの、本来的に避けられない距離とギャップを切実に経験するとき、その人はしばしば、ミソロゴス（言葉ぎらい）の心情におちいるであろう。言葉と事象とのあいだのこのようなギャップは、人間のもっと一般的な生き方の場面においては、言葉と行為との対比のかたちをとって現われる。

「言葉ぎらい」と「言葉好き」

つまり、言葉と事物には距離がある。これは避けられないことだ。**言葉は事物そのものを表現してはいない。それを切実に経験するときに人はミソロゴス（言葉ぎらい）になるんだ**、と言っている。ということは、どうも**段落Ⓓはミソロゴスの話**らしい。

人びとは「不言実行」と言い、「言うは易く行なうは難し」と言う。ミソロゴスという言葉も、それが出てくるプラトンの対話篇『ラケス』では、もともと

この関連で使われていた。……われわれのミソロゴスと言葉への不信は、かなり根ぶかいものがあるといわねばならぬ。(D)

次は**A′（具体例）**。いま言ったことと同じことの繰り返しで、言葉ぎらいの証拠をあげたんです。だから、例えば、「人びとは『不言実行』と言い、『言うは易く行うは難し』と言う」とあるけど、つまりは言葉を信じていないから、言わずに実行せよと言ったんでしょう。これも**言葉ぎらい（ミソロゴス）の証拠**。

ここまでが**具体例**。次の(E)段落の「この注意と凝視が……没入するであろう」に線を引っぱろう。

しかしながら、もともと言葉に対応するもの、言葉が指し示そうと意図しているものへの、注意と凝視があればこそ、両者のあいだの距離と断絶もまた、つよく意識されるのであって、この注意と凝視がはじめから不在であるならば、人は容易に言葉を信じ言葉に没入するであろう。

まだミソロゴス（言葉ぎらい）はましなんです。というのは、言葉と事物に距離があるということを知っているからです。それを知らなかったら安易に言葉を信じるんだよね。それが次です。

> かくて、自分の言葉に単純に陶酔できる楽天的な詩人や作家や弁論家や思想家は、実状としてむしろあまりにも多いのである。先のミソロゴスに対して、これらの人びとは、「ひとりよがりのピロロゴス（言葉好き）」とでも呼ばれるべきであろう。(E)

「対比」は問題を解くカギ

さあ、ここでキーワード、しかも対になる言葉がきたよ。**ミソロゴス（言葉ぎらい）に対してピロロゴス（言葉好き）。**こういうときは対比をしっかり意識しなさい。特に最後の**問六**のような**内容一致問題**のとき、**こういう対になる言葉がきたら、たいてい、その反対を選択肢の**

文章に使ってくる。

例えば、本来ミソロゴスと書くべきところをピロロゴスと書く。まずこういった選択肢は一、二個あるといつも思っていいぐらいで、問題の作り方は結構ワンパターンなものです。他の文章は全部合っていて、その一語だけがおかしいんだから、気をつけないとうっかりしますね。こういう対となる言葉は、十分意識しておくこと。

さあ、ここまでが前提条件で、**本当に筆者が言いたいのは、実は「現代」について**です。本当の展開はこれ以下なんです。

そこでちょっと**問三**を考えてみましょうか。

問三 次の文(I)・(II)は、それぞれ本文の各段落の末尾(A)〜(H)のいずれかに入る。その記号をそれぞれ答えよ。

(I) 人は、ただ口をつぐみ、自分の内にとじこもる。

(II) 言葉はしょせん、「事」の「端《は》」でしかない。

まず(I)、「人は、ただ口をつぐみ、自分の内にとじこもる」——口をつぐむのはどうして?

これはまさに**「言葉ぎらい」の例**じゃないですか。

では、「言葉ぎらい」はどこに出てくると言ったら、まず段落(B)、(C)までは言葉の限界についてだったね。言葉ぎらい（ミソロゴス）の話は段落(D)です。段落(E)は言葉好き、ピロロゴスだものね。となれば、**(D)に(I)の文がくるはず**。

(II)「言葉はしょせん、『事』の『端《は》』でしかない」――〝事の端《はし》っこ〟だというのは、**言葉の限界**を言った文章じゃないの？　言葉の限界を言っているのはどこ？　段落(B)と(C)です。(B)が具体例、(C)がそれを一般化したもの。

(II)の文章は「言葉はしょせん」とある。「しょせん」というのは、今まで言ったことをもう一回、それを前提にまとめていく言葉です。となれば、具体例のところでくるわけはないね。いちばん最後にくるはず。つまり、(C)にくる。**問三の答えは(I)が(D)、(II)が(C)**です。

いいですね。この程度の問題を間違えては困りますよ。そして、それを踏まえて次、段落(F)にいきましょう。さあ、ここからがいちばん大事だよ。「言葉の氾濫《はんらん》の時代である」に線を引っぱろう。

現代は、マス・メディアと呼ばれるものの圧倒的な発達に支えられた、情報と宣伝の時代であり、つまり、言葉の氾濫の時代である。(Y)言葉が本来もっている公共性と社会性は、たんなる名目にすぎぬものに対しても、容易に実在の仮象をあたえる。

現代は言葉の氾濫の時代です。そしてそこには、**言葉は事物を何も表してはいない**という前提があるんです。**そういった言葉が氾濫しているのが、現代なんです。**例えば、コマーシャルの言葉、コピーの言葉、政治家の言葉、宗教家の言葉、教育者の言葉、外見だけ立派な言葉ばっかりが氾濫するんです。でも、その言葉は事実を何も表していないんです。現代はそういう時代でしょう。

傍線(Y)をやりましょう。**問四**です。「傍線部の説明として最も ふさわしいものを選べ」。

問四 (Y)群

「一点着目法」

選択肢が長いね。こういうときは**一点に着目**しましょう。これは非常に有効です。長い選択肢全部を読んでトータルして考えるからわけが分からないし、思わぬ間違いをするんです。こういうときは、部分に区切って、ある部分、ある特定の部分だけに着目して比較しなさい。これを**「一点着目法」**といいます。この方法は早稲田、同志社、センター試験などで、ものすごく有効です。ここでしっかり身につけること。

読解の基本ルール⑪
長文の選択肢の場合は、一点に着目して解く。

そこで傍線部を見ますと、分かりにくいところが二点ある。「言葉がもっている公共性と社会性」とはいったいどういうことか。まずそこだけに着目しますよ。そうすると、

(ル)「言葉は、現実とは別の世界を築きあげる力をもっている」——**そんなことは書いていな**

いでしょう。これは「公共性」の説明になりますか。公共というのはみんなが使うもの。その説明になっていないでしょう。

(ヲ)「言葉は、公共の使用に供されるべきもの」——ほら、**イイスギ**ています。確かに言葉は公共性を持っている。でも、「公共的に使うべき」と言ったならば、日記なんか書いてはいりないことになっちゃうんだよ。そうでしょう。メモもできない。そんなばかなことはないよね。どこにもその根拠はない。

(ワ)「コミュニケーションの手段」——コミュニケーションは伝達という意味で、公共性、あるいは社会性の説明としてはちょっとずれています。でも、まったくダメとは言えません。△ぐらいだね。

(カ)の「人々によって共有されるもの」は公共性の説明として適切だね。(ヨ)「万人によって用いられるもの」も公共性の説明としていけるでしょうね。ということは、たぶん**(カ)**か**(ヨ)**だろう。

さらに、傍線の後半を見ると、

「たんなる名目にすぎぬものに対しても、容易に実在の仮象をあたえる」

とあるね。言葉は本来、実態そのものを何一つ表すことができないにもかかわらず、それがいったん成立してしまうと、今度は逆にその言葉が、**名前だけで実態のないものにまで本当であるかのような錯覚をあたえるんだ**と言っているんじゃないの？

それが分からなくても、(ワ)「この目的のために現実の世界がもっている個別性と具体性を奪い取る」はおかしい。どこからこんな話がきますか。「個別性、具体性を奪い取る」なんて何の根拠もないでしょう。したがって、答えは(カ)か(ヨ)のどっちかということは明らかです。

例によって**残った二つの選択肢の後半を比べます。**

(カ)　言葉は……実態をもたない観念や幻想が現実であるかのように受けとめられることがある。

(ヨ)　言葉は……つねに最大多数の意思に迎合する傾向があり、ありもしないものをでっちあげることがある。

(カ)「実態をもたない観念や幻想」——さあ、傍線部に対応させるとどうですか。これは「名目にすぎないもの」にあたるでしょう。いけるね。さらに言うと「現実であるかのように受け止められることがある」が、傍線部の「容易に実在の仮象をあたえる」と対応している。というより、**傍線部の表現をやさしく言い換えた表現となっている。**おかしくない。

それに対して(ヨ)の最後を見ると、「つねに最大多数の意思に迎合する傾向があり」――「つねに」は**イイスギ**ています。いつでも絶対最大多数の意思に迎合するなんて言いきれない。さらに次、「ありもしないものをでっちあげる」。だいたい「でっちあげる」というのは言葉が汚《きたな》いね。これは大した根拠ではありませんけれども、どう見てもダメでしょう。だから、**(カ)**しかない。

では、また本文に戻ってください。(3)が意外と入れにくかったかもしれない。「われわれは言葉に麻痺《まひ》し」の文に線を引っぱりましょう。

(3) 言葉の氾濫のなかに生きて、われわれは言葉に麻痺し、それがいかなる事実に対応するかを自分で確かめるという手続きの完全な省略のもとに、言葉を受けとめ言葉を使うように、刻々と習慣づけられているのである。

空欄の埋め方

　ここのところはどうですか。現代は言葉の氾濫の時代。言葉が多すぎるんですよ。ところが、言葉は事物を表していない。それだけではないんだよ。**言葉は本当はうそなのに、本当であるかのような錯覚を与える**んです。そういった言葉があまりにも氾濫しているものだから、われわれは言葉に麻痺してしまった。**実は言葉は事物の実態を表していないんだから、その実態はわれわれが別に確かめなければいけないのに、われわれはそれをやってないんですよ。**そういう時代が**現代**なんだね。

　例えばコマーシャルのコピーがそうでしょう。コピーライターがコマーシャルのコピーを考えるときには、その商品の実態を正確に伝えることなんて考えていない。商品と関係なく、要は売れる言葉、消費者が買いたくなる言葉を探すんでしょう。**言葉と言葉の比較で売れ行きが決まっていく。**そこでは**商品そのものは関係ない**んだね。

　どんなにひどい商品だって、コピーではそんなこと言わないわけでしょう。いかにすばらしいか、いかに他の商品よりすぐれているかってことだけ言うんだ。そして、どんなにひどい商品でもすばらしい言葉がつけば、さもそれが本当であるかのような錯覚を言葉は与えていくんです。

これは非常に怖い現象ですね。政治家だって、宗教家だって、自分が間違っているとか、自分は本当はお金をもうけたいなんて言うわけない。必ず立派な言葉ばかり使う。ところが、そういう言葉を聞くとわれわれは酔いしれて、それが本当であるような気がしていく。現代の言葉の氾濫時代とはそういうものだ、と言っているわけですよ。

さあ、(3)ですけれども、選択肢で残ったものを見ますと、(ハ)の「あるいはむしろ」と(ニ)の「これに反して」は使いました。残りは、

(イ) まして　(ロ) やはり　(ホ) いやしくも

のどれか。でも、「いやしくも」はダメ。**「いやしくも」**と言ったらば、次にだいたい**いい内容**がきますよ。そうでしょう。「いやしくも」というのは「私はこう見えても」という感じ。「どんなにいやしく見えても」といった意味で、次には逆にいい言葉がくるよ。ここはその後に、言ってみれば悪口がきてるんだから、この言葉はまず不適切です。

となれば、「まして」を入れるか「やはり」を入れるか。**「やはり」**というのは、前に言った

ことを「やはりそうだ」、**もう一回繰り返すときか、確かめるとき**です。

この場合それよりも、前の文章に、例えば**「ただでさえ」**なんていうのを補えば分かりやすくなる。**ただでさえ、言葉は名目にすぎないものにも実在であるかのような幻想を与える**んでしょう。「まして言葉の氾濫のなかに生きて……」なんですよ。こっちのほうがぴったりきますね。ということで、ここは**(イ)が答え**です。

次は空欄 (4) と (5) ですね。

> 現代を支配しているのは、言葉への (4) であるよりは、やはり言葉への (5) であろう。もともと、動物のなかでただ人間だけが、「愛」「自由」「正義」「祖国」「平和」「革命」等々の言葉のために、自分の生命さえも捨てることができる。……言葉をわけもわからずに信用することによる危険と悲惨の可能性もまた、きわめて大きいといわねばならぬ。(F)

「同音異義語」に注意！

さあ、**問二**は結構間違いやすいんです。なぜなら選択肢が漢字ではなくて片仮名になっているからです。こういうときは**同音異義語に注意**しなくてはなりません。

ところで「やはり」という言葉が (5) の直前にある。実はさっきの (3) に「やはり」を入れなかった理由がここにも一つあるんです。 (3) にもしこれを使えば、次の文でまた「やはり」とくることになるんですよ。**二回も連続して「やはり」「やはり」というのはまずこない。**

空欄(4)、(5)にもどりましょう。

「やはり」と言ったら、前に言った内容をもう一回繰り返して言うときに使います。初めてのことを言うときは「やはり」と言わないでしょう。

ということは、 (5) の内容が、すでにそれ以前の文章に書かれてあるということ。**同じ内容を繰り返しているのだから、その二つを重ねれば、答えが自然と空欄に入ってくる。**

そこで、一つ前の文を見てみると、われわれはその実態を確かめるという手続きを省略して言葉を使うんです。言葉を確かめて使うことをしないんです。ということは［(4)］には「確かめる」という内容が入るはずです。

問二　空欄(4)・(5)に入れるのに最も適当な語を、それぞれ次の片仮名の語群から一つ選び、漢字になおして書け。

(4)　キタイ　ゲンメツ　ブベツ　カイギ

(5)　ゲンソウ　ケイシン　ケンオ　シュウチャク

いちばんいいのはどうですか。キタイとかゲンメツ、ブベツは関係ない。残るはカイギ。**答えは懐疑**です。実態を疑いながら言葉を使うというのは、言葉を確かめながら使うことといっしょですから。もちろん漢字が合ってなかったらダメだよ。

次、［(5)］はどう？「言葉への」何ですか。今度は［(4)］と逆に、確かめずに疑わずに信じるんでしょう。ここでちょっと［(5)］の後の文章を見てごらん。

「言葉をわけもわからず信用する」ということは、［(5)］には何が入るの？

選択肢を見てごらん。ケイシンがいいでしょう。ケイシンを敬神、つまり神を敬《うやま》うという字を思い浮かべてしまうとわけがわからなくなる。**同音異義語に注意。**疑わずに、わけもわからずに信じるんだから、軽く信じる。**「軽信」が答えです。**結構これは間違えた人が多いと思うよ。だいたい受験生が間違えるところはいっしょですから。

現代とことば（言語論のテーマ）

ところで、ここは実におもしろいことが書いてあるね。「愛」「自由」「正義」「祖国」「平和」といった言葉のために死ぬというのは人間だけなんです。例えば、よく「愛のためなら死ねる」とか言う。カッコイイ。でもそれは、たいていの場合うそなんだよ。もし本当に死ぬ人がいるとしても、ほとんどは愛という**言葉に酔って死ぬ**んです。本当の愛のために死ぬんじゃないんです。

例をあげましょうか。例えば戦争中、日本人はたくさん祖国のために死んでいったでしょう。でも、これもほとんどはうそ。本当は、一部の資本家とか政治家とか、あるいは軍のために死んだんでしょ。祖国のために死ぬ、とはいっても、実はあれも**祖国という言葉に酔いしれて死んだんです。**

また、例えば平和。平和という名のもとに、われわれは軍隊を持ったり、あるいは核兵器をつくったりしていませんか。平和のためという言葉であれば、どんなことでも許されてしまうんです。実態は殺人であっても。

あるいは、かつて赤軍派なんかが革命のためにテロをしたりしました。そして命を落としたり、人を殺したりしたんだね。革命という言葉、正義という言葉、みんな同じです。学生運動でも運動家はさかんにアジります。リーダーが出てきてワーッと言う。革命とか正義とかいろいろ言うわけです。よく聞いてもわけが分からない。わけが分からなくてもいいんですよ。**立派な言葉を叫んでいればいい。そうすると、そのうち、さも自分たちがすごいことをやっている気になる。**それで盛り上がっていって、その勢いで、デモに行こうということになるわけです。

例えば、戦争では、お互いに自分たちが正義で相手が悪です。だからどちらも正義のために戦うと言うわけでしょう。そして、正義のために自分たちの国民を動かしたわけだよね。だけど、実際、人を殺す行為と正義という言葉がどれぐらい必然的に結びついているかといったら、この二つの間には何の関係もないんです。**単に正義という言葉一つのために殺し合いをやった**んですよ。

こんなことができるのは人間だけ、これは実に怖い現象です。なぜかといったら、ここに書いてあるように、**実態のないものを、さも本当であるかのように幻想を抱《いだ》かせる力が、言葉にはあるからです。**

さらに、ヒットラーがドイツ国民に「わがドイツ国民は世界一優秀である」とアジった。そういった言葉には力があるから、国民は幻想にかられる。そうすると、人間は自分の命すらも投げ出せるんですよ。そういったことを過去の歴史は嫌《いや》というほど知っています。

でも、よく考えたら、本当に人のために、あるいは愛のために、あるいは正義のために、平和のために戦った人なんてめったにいるもんじゃないんです。人間はそういう**言葉のために戦ったん**です。そして、**そういう言葉を操《あやつ》って、人を煽動《せんどう》して利益を得るのが権力者**なんです。そして、**権力者に踊らされるのは、言葉をむやみに信じてしまう人。つまり、ここで言えばピロロゴス**です。

とくに今は言葉が氾濫している時代で、うその言葉があふれている。となれば、**われわれは個々の言葉が本当に表しているのは何かということを、これまで以上に確かめなければならない。**悪人ほど美しい言葉を使うんだよ。政治家でも宗教家でも何でも、悪人ほど善を装《よそお》って、ひたすら美しい言葉を使っていくんだね。だから、われわれはそれを見抜かなければいけないんです。**現代はとくにそれが見抜きにくい時代。**そういった意味では、これからは本当の知恵が要りますね。

「指示語」の問題

さあ、次は傍線(Z)の内容について。問題自体は大したことありませんよ。段落(G)の「いつの時代においても……である」まで線を引っぱりましょうね。

> いつの時代においても、特定の権力や特定の集団が宣伝する名目を信じこんで踊らされるのは、ひごろ「ひとりよがりのピロロゴス」であるような種類の人びとなのであって、(Z)このことは偶然ではない。……さればとてしかし、先のミソロゴスの立場が、はたして人間としてあるべき最終的な立場であろうか。(G)

こう言っていますね。さあ、**問五**です。

問五 傍線(Z)の内容に最も近いものを、次の文(タ)～(ネ)から一つ選び、その記号を答えよ。

傍線内に指示語があります。となったら、その指示内容を押さえる。

「このこと」の指示内容は、**「特定の権力や特定の集団が宣伝する名目を信じこんで踊らされるのは、ひとりよがりのピロロゴスだ」**ということ。これが(タ)～(ネ)の選択肢の文の主語の部分の内容ということになるでしょう。だったら、**とりあえずそこだけ一点に着目して検討しなさい。**僕の言ったとおり、ここは機械的にやれば点が取れるんだから。

そこで、**選択肢の主語**のところだけ注目して見ると、(タ)、(レ)、(ソ)にはピロロゴスに関する言及がまったくないんです。だったら、選べるわけがない。「特定の権力や集団に躍らされるのはピロロゴスだということは偶然ではない」と言っているんだから、(タ)、(レ)、(ソ)は検討するまでもないね。となれば、

(ツ)「言葉による自己陶酔を好む人びと」――これがピロロゴスでしょう――「が特定のイデオロギーに同化しやすい」は〇。

(ネ)「言葉による自己陶酔を好む人びとが特定の意図をもつ主張を信じこみやすい」――これも○ね。ということは、ここで(ツ)と(ネ)が残る。

〈ＡはＺ〉型の説明問題

ところで、もし君たちが東大かどこかの記述の問題で、「傍線部(Z)はどういうことか説明せよ」と言われて答えを書かなければいけないときはどうする？

「このことは偶然ではない」を説明せよと言われたとするよね。これを僕は〈ＡはＺ〉型の問題と言っています。アルファベットにたとえるなら、ＡＢＣで始まって最後はＺで終わるはずなのに、Ａからいきなりにきている。つまり、**論理が飛躍《ひやく》している場合**なんです。

例えば、「民主主義の歴史には神の概念《がいねん》が重要だ」というのに線を引っぱって、どういうことか説明せよ、と聞かれたとする。「民主主義」という言葉も「神」という言葉もすでに意味は分かっていて、説明することないよね。では、何を説明すればいいのかというと、普通、「民主主義」と「神」とは一見関係ないわけでしょ。傍線箇所は、一見関係ない「民主主義」と「神」とを結びつけているんです。つまり、そこに飛躍が見られる。だから、分かりにくいんだね。言葉自体の意味が分かりにくいんじゃない。**「論理の飛躍が分かりにくいから、きちんとその間隙《かんげき》を埋めなさい」**、ということなんですよ。

では、**なぜ飛躍したかといったら、それは、すでに説明していることだから**です。もう言ってしまったことだから、いちいちもう一回説明しなくても、結論だけ言えばいいわけです。

そこで、傍線(Z)「特定の権力に踊らされるのがピロロゴスだということは偶然ではない」のどこが飛躍しているかといえば、「……だから偶然ではない」という理由を述べずにポンと飛んでいるんです。だから、その理由を埋めてやればいい。

「なぜ偶然ではないのか」といったら、ピロロゴスは**「言葉と事物との距離を見ていないから」**でしょう。見ずに安易《あんい》に信じこむからでしょう。「だから、偶然ではない」と答えれば、きちんとこの文を説明したことになるんですよ。マーク式問題でも考え方はいっしょですから、そういう目で選択肢を見ていけばいい。

では**問五**の選択肢にもどって、**(ツ)と(ネ)、二つ残ったら比べなさい。**

(ツ)を見たら、後半、「言葉を、自分を美しく映す鏡としか考えていないから」——こんなこと、どこにも書いていないね。まったく**無関係**です。

(ネ)「言葉とその対象との距離に気がつかないから」——これは本文に書いてある。だから、

㋤が答えと決まります。

次、本文の段落(G)の最後を見てください。

「さればとてしかし、先のミソロゴスの立場が、はたして人間としてあるべき最終的な立場であろうか」

こうきましたね。ピロロゴスを拒否しなければいけないとしたら、ミソロゴス（言葉ぎらい）ならいいのかといったら、そうでもないようです。

最後の段落(H)はA′（具体例）から入っている。次の二か所に線を引っぱろう。

「ミソロゴス」が「ミサントローポス」（人間ぎらい）とならんでかなり大きく扱われているプラトンのもうひとつの対話篇『パイドン』では、ちょうど「人間ぎらい」の根本原因が、人間性に関する洞察と心得なしに特定の人間を安易に信じることにあるように、ミソロゴスの心情もまた、根本においては、言葉（ロゴス）に関する真の認識の欠如から由来すると言われている。そして、ミソロゴスの人は、そのような自分をとがめる代わりに、苦しまぎれにすべての責任をロゴスのほうに押しやることで満足し、それから後は生涯ロゴスを憎みつづけるけれども、しかし責はもともと自分自身の無知にあるのだと、注意される。

つまり、人間ぎらいの原因は何かといったら、人間性の洞察《どうさつ》力に欠《か》けるところがあるからだ、と言っている。人間というのは弱いものです。本来、人間はうそを言う、人をだますものであるという洞察なしに、安易に信じこんで、その揚句《あげく》、裏切られてきらいになったんでしょう。

言葉ぎらい（ミソロゴス）もこれといっしょ。言葉というのは事物そのものを表せない。**言葉と事物には距離があるというのは、言葉の本質です。それを認識しないから、安易に言葉を信じ、だまされて、そして、責任を言葉に押しやってしまうんです。**これが言葉ぎらいですね。ということは、要はミソロゴスもピロロゴスもいっしょ。原因は**言葉の真の認識の欠如《けつじょ》**ですよ。ここからどういう結論がくるかといったら、予想がつくね。

最後、線を引っぱりましょう。

われわれもまた、この『パイドン』の注意にしたがって、言葉の限界と欠陥らしきものを早急に断定して言葉を責めるより前に、そもそも人間にとって言葉とは何であるかを、もうすこし見きわめることに努めなければならないだろう。(H)

いいですね。これが**結論**になっています。そうしたら残った問題、**問六**にいきます。

問六　本文の論旨から見て最も適当なものを、次の(ア)〜(オ)から一つ選び、その記号を答えよ。

(オ)「現代人のミソロゴス的傾向がますます強まる」——ここでミソロゴスときたら、あれっ、ピロロゴスじゃないかなとピンとこなくちゃ。この言葉を入れ換えれば正しくなる。現代人は安易に言葉を信用するんだからピロロゴス。**「ミソロゴス的傾向」が間違い。**

(ウ)「言葉に人格や実行動の裏づけが伴わないとき」——人格や実行動の裏づけの話は一切していない。**無関係。**

(ム)「言葉と現実との間の深い溝は、言葉への注意と凝視によってはじめて消滅させることができる」——どれだけ注意しても言葉と事物との距離は消滅しません。

(ラ)「言葉はありのままのものを直接表現できないのだから、最も有効な表現行為はそのものを指さすことだけである」——後半は**無関係**。これを本当にそのまま実行してごらん。一日言葉を使わずに指でさしてごらん。むなしいよ。こんなの、いいわけないですね。となれば、

(ナ)「言葉をその向こう側の世界とのへだたりゆえに信用しない人は、言葉と人間の関係に潜む可能性を封じてしまうことになる」——最後の結論部分を見てください。問題ないですね。

(ナ)が答え。

解答* 問題2

問一 (1)—(ハ) (2)—(ニ) (3)—(イ) 問二 4—懐疑 5—軽信

問三 (I)—(D) (II)—(C) 問四 (X)—(リ) (Y)—(カ) 問五 (ネ) 問六 (ナ)

「言語論」の一つの典型的な問題でしたから、よく復習しておいてください。

第3回 論理的読解法②

講義のフォーカス 焦点《フォーカス》

- 入試評論文は〝一個の結論〟を繰り返す
- 評論文中の「対比・比喩」を押さえる
- 「文脈から解く」意識を身につける

今回はさっそく問題を解いていきましょう。［問題3］です。前にもお話ししましたが、現代文を解くにあたっては、

⑴ 文脈によって筆者の言葉をつかまえていく。

⑵ 筆者の主張は、実は形を変えて何度も繰り返されている。

この二点をしっかり頭に入れておいてくださいね。今回の講義もこの視点から解いていくからね。じゃあ、本文を見てください。

問題3　上田三四二の文章に基づく

▼別冊21ページ参照

まず**冒頭に注目**します。

> 漱石の嘆きとして知られているものに、彼はあれほど英語に堪能であったにもかかわらず英詩の本当のところはわからず、漢文の勉強に注いだ時間のほどは知れているのに、漢詩のわかりようは英詩の比ではなかった、というのがあった。

「具体例」から入る文章

始めにこうきてますよ。ボーッと読んでちゃダメだよ。**この部分は具体例とか証拠にあたるんだ。だから、これだけ単独で見たのでは意味はないんだよ。**筆者はある考えを言いたい。何かを主張しようとしているんだけども、まずそれを裏づける証拠から入っているんです。当然波線部の答えというのは、作者の主張が明らかでないこの段階では解けないよ。たぶんこの文章を最後まで読んで、筆者の言おうとしていることをつかまえてはじめて、この波線部が理解できるのです。

冒頭の挿話《そうわ》は非常に有名なものです。漱石というのは英文学者ですね。大学時代、とことん英語を勉強していたわけです。そしてロンドンに留学した。ところが、そこですごいショックを受けたのです。さんざん勉強したはずなのに、結局、英語の詩が理解できなかった。もうまったく理解できない。で、ノイローゼになって日本に帰ってきました。

漱石は、漢詩はよく理解できるし、自分でも作ってるんですね。ところが、その漢詩に関しては、そんなに勉強したってほどじゃないんですよ。なぜ漢詩は理解できたのでしょう？　波線部の後に「漢文から日本語へは一跨《ひとまた》ぎ」とあるね。漱石は漢詩というのを日本語と同じような感覚で作っていたのです。当時、明治までの知識人は、ほとんどの人が漢文の素養《そよう》を身につけていましたから、漢文というのは日本語と同じようなものだったのですね。第一段落は漱石の具体例をまずもってきたということですね。この点をまずつかまえられたかどうか。

で、次、第二段落。筆者が何を言おうとしているか、探していきますよ。

人間が育つとは半ば以上言葉の中で育つことだが、こうして生まれながらにして身につけて来た言葉には、意味以上の意味がある。

はい、この部分に線を引っぱりましょう。ボーンと、**筆者の意見**をもってきたよ。で、その中でも「言葉には、意味以上の意味がある」、筆者はこれを言おうとしているのですね。**「意味以上の意味」**。これが**A**です。筆者の言いたいこと。**この〝主張・結論（A）を筆者は形を変えて繰り返していく〟**んでしょ。**「結」「結」「結」**という文章です。ここでもそうだよ。

「評論文」の構造

それは単味ではなく、また辞書におけるような複数の意味の羅列でもなく、いわば味の複合体だ。

こういうことを言ってますね。そして、さらに続きますよ。

どんな単純な言葉でも、むしろ単純な言葉ほどかえって、量りがたく、複雑な味を湛《たた》えている。

これも**「意味以上の意味」を言い換えてるだけ**だよ。こういうふうに重ねて読んでいけばよく分かるね。次の文。さあ、ここでまた、**証拠**をあげてますね。

「『春』といふ言葉一つでも、活《い》きかへつて来た時の私のよろこびは、どんなだつたろう」

これも「言葉には意味以上の意味がある」という主張（A）の証拠、**A′**でしょ。この『春』というのは、単に季節の春を意味するだけではない。それ以上の意味がある、と筆者は言ってるわけです。

島崎藤村《とうそん》は『春』という題の私小説みたいな作品を書いています。藤村は若い頃理想に燃えて、北村透谷《とうこく》という友人と「文學界」という雑誌をおこし、古い封建《ほうけん》的なものと徹底《てってい》的に闘っていくんです。その結果、挫折《ざせつ》してボロボロになって、透谷は自殺していくんだね。ま、この小説は、藤村自身のこういった過去をモチーフにしている。その後、藤村は、そのショックがきっかけとなって現実重視の自然主義にグーッと変わっていくわけですけどね。だから、そのときの『春』というのは、季節の「春」だろうし、青春の「春」だし、彼の「理想」であるし、あるいは絶望、挫折からの「再生」であるし、いろんな意味があったわけだね。筆者はこういうようなことを証拠としてあげたわけでしょう。さらに次、もう一点証拠をあげた。

そのように、いま「家」の一語を取り出してみても、この一語の荷《にな》う言葉の味わいには言い知れぬ深さが感じられる。

これもそうね。「言葉には意味以上の意味がある」、この主張を繰り返しているんです。この文の後、

私たちはふつう、それを深い味わいにおいて用いることなく、単なる符牒とし

て用いている……

「対比」表現の意味

この波線部分をチェック。言葉は意味以上の意味をもってるのに、われわれはそれをまったく理解せずに使っている。言葉は単なる符牒《ふちょう》ではないのに。これ分かりますか。

「意味以上の意味」⟷「単なる符牒」

「意味以上の意味」と、「単なる符牒」が対比になってるんですよ。こういう対比は評論文では非常によく出てきますね。これも実は**「筆者の主張は形を変えて繰り返される」ということの変形**なんです。そこを、みんな分かってない。「対比」というのは正反対のものを二つ、同じ比重で比べている、と思ってはいけないんだよ。いいですか。**大事なのは、片方なん**

です。Aということを言いたいから、正反対の〝反A〟と比べているんです。

例えば日本文化の特質を言いたいから、西洋文化と比べる。日本文化と西洋文化のどっちも言いたいのではないんですよ。これをみんな間違えちゃうんだね。

赤という色を人に印象づけようと思えば、赤、赤、赤と、繰り返していく方法がまずあるでしょ。一方で、日の丸みたいに白地に赤を配すると赤がより鮮明になってくる場合もあるね。これが対比なんですよ。ここでも、**言いたいことは、片方だけ。**「言葉には意味以上の意味がある」ということを筆者は対比を使って論じようと思っている。だから、正反対の「単なる符牒」と比べてみせたんですよ。

読解の基本ルール⑫

評論文中での「対比」表現

←

言いたいことは、片方（A）だけ。

はい、次見ていきましょうか。

現象としてはそのとおりであり、……しかし意識の底において、言葉が単なる符牒にとどまることはけっしてない。

「単なる符牒ではない、意味以上のものだ」という主張を繰り返し、次にまた具体例（A′）をあげています。今度は「家」という言葉を例にとる。

「家」の語は、たとえば田舎に生れた者と都会に育った者との間に、(1)ヒョウショウするものの相違を生みながら、……根本において、共通する何かを有機的ともいうべき意味に満ちて、言い換えれば……

はい、次の行に線を引っぱりましょう。

歴史的・伝統的な意味に満ちて、人間の心に生きている。

さあ、どうです？　「意味以上の意味」をさらに繰り返しているね。なぜ、何度も繰り返すのか。大事だからですよ。そしてここでは「言葉には意味以上の意味」があるということを、**「歴史的・伝統的な意味」があると、形を変えて繰り返している**のです。で、次ですよ。

> 人がこの語を唇にのぼせ、また紙の上にあらわすとき、彼は大方言葉の平凡さに慣れて由緒を忘れているかも知れない。

「由緒《ゆいしょ》」という言葉が何か唐突に思えて、よく分からない人は、これを感覚的に、辞書の意味でとらえるからなんだよ。**あくまでも文脈でとらえなさい。**筆者の文章の中でとらえなさい。するとこれは、その前の**「歴史的・伝統的な意味」の言い換え**だということが分かります。これを**「由緒」**と筆者は言い換えてみた。なぜかといえば、大事だから。こんなふうに、作者の主張は何度も何度も繰り返されるわけ。次だよ。

> しかし、(A)言葉は言葉みずからの由緒を忘れることはない。

つまり、われわれ人間が忘れても、言葉自身は由緒を忘れていないということですよ。そこで問題。**問四**だね。

問四　傍線部(A)「言葉は言葉みずからの由緒を忘れることはない。」の意味として最もふさわしいものを、次の(イ)～(ホ)の中から一つ選びなさい。

「選択問題」の要領

傍線部のところでなにが分かりにくいかといったら、「由緒」という言葉なんですよ。これは、筆者だけの感覚で、つまり**筆者の個人言語**として使われているから、分かりにくいんです。だから文脈でとらえると、「由緒」というのは「歴史的・伝統的な意味」の言い換えだと分かる。では、そこに注目して選択肢を見ていきますよ。

まずダメなのが、(ロ)。これには「由緒」の言い換えが、どこにも含まれていない。しかも、最後の「適正な表現が可能になる」というのは、明らかに間違いです。本文のこの時点ではまだ書かれていないけど、この後に、「言葉を一個選ぶというのは、これは無限の中から一個選ぶ、もうまさに懼《おそ》れを伴う一つの賭だ」、とくるわけですからね。そこまで読んでいけば、これは明らかに間違いだと分かるでしょう。

㈭「言葉は、先ず剝製《はくせい》として存在」――そんなこと言ってないよね。「剝製」というのは、後の文で出てきますけども、これも「単なる符牒」の言い換えです。言葉は「単なる符牒」ではないのだから、これはまったくダメ。

㈡「言葉は、それを用いる人によって微妙に意味が異なり」――これも「由緒」の説明にはなっていない。それに、言葉の意味は「人の用い方」によって異なるわけではないのです。

となると、残るのは㈦と㈧ですね。この残った二つをどうするか。ここからが勝負。㈦だけ見ると、なんとなくいけそうな気がしてくるんですよ。

㈦「言葉は、有機的に用いられるとき、その平凡な意味の重さがはじめて理解され、十全な効力を発揮する」

本文を忘れて自分の頭で考えているから、これが正解のような気になってくるんだな、㈦は。もう一度㈦を見てごらん。「有機的に用いられるとき」とあるね。誰が用いるの？「人が」でしょ。結局、人の用い方によって、効力を発揮するときもあれば逆のときもあるというのが(イ)の内容じゃないですか。ところが、どう？　傍線部(A)の直前を見ると「しかし」がある。その前の文は、「彼が由緒を忘れる」でしょ。だから、筆者が言いたいのは**「人間が忘れても、言葉は忘れない」**ということじゃない？　だったら、人が有機的に言葉を用いるときには、どうのこうのなんていうのは関係ないでしょ。これを間違えた人は文脈を理解していなかったことが、原因。いいですね。本文は、人が忘れようと、言葉は忘れないと言っていたの。(イ)のように、有機的に用いられればうまくいくなんて話はくるわけないね。

さらにもう一歩踏み込んだ説明をするよ。(イ)と(ハ)をもう一回見比べてみる。この二つが「由緒」の意味をどうとらえているかというと、(イ)では「平凡な意味の重さ」だというわけ。(ハ)では「歴史と伝統」ですよ。これらが一応、対応関係にあるわけだけど、どっちがいいの？　本文にはどう書いてある？　明らかに(ハ)のほうが適切でしょ？　正解は(ハ)。

こういうことをきちんとやっていきなさいね。**ちゃんと本文に書いてあるのになんとなく読んでしまって、雰囲気だけつかんで自分の頭で判断してしまうと、絶対間違うよ。**これを直さない限りダメ。間違った人はこれで自分の弱点が分かったでしょう。「自分の弱点をまず知る」、これは大事です。このことをよく知ってこれまでの自分の解き方を変えていけばいい。

「比喩」の役割

さあ、次へいきましょう。傍線部(A)の後ね。

文学の仕事は、この忘れがちな言葉の由緒にすすんで挨拶を送るところからはじまる。鷗外はそれを(2)イガタを出たばかりの貨幣に譬《たと》えた。銹《さ》びず、汚れず、本来の(a)文理《もんり》をくっきりと刻印した言葉……

漢字の書き取りは最後の［解答］でチェックしておいてください。

「文理」というのはどういう意味か。たぶん、みんなは「文理」の辞書的な意味は知らないだろうけど、べつにあわてなくていい。なぜなら、文脈からつかんでいくことができるからです。さらにつけ加えると、これは**「比喩」**なんです。

比喩というのは、**Aという事象を言いたかったならば、感覚的に身近なものに置き換えて同じことを繰り返すこと**なのです。身近なものに置き換えれば、抽象的な話でも分かりやすくなるからね。「文理」という言葉の意味するところを文脈と比喩の、両方の側面から解いてみましょう。

これが**問二**の(a)です。

問二 傍線部(a)〜(c)の語の、問題文中での意味として最もふさわしいものを、それぞれ次の(イ)〜(ホ)の中から一つずつ選びなさい。

(a)　(イ) 文学と科学　(ロ) 文科と理科　(ハ) 物事の筋目
(ニ) 文章のあや　(ホ) 貨幣の性質

これをまず、**文脈から解いてみよう。** 傍線部(a)を見ると、「文理をくっきりと刻印した言葉」云々と書いてある。「文理」はつまり**言葉に刻《きざ》まれているものだ**というわけなんでしょ。とすれば、選択肢の、例えば「文学と科学」、「文科と理科」、あるいは「物事の筋目」、「貨幣の性質」なんてくるわけないね。

答えは(ニ)と分かるんだが、今度は比喩から解くとすれば、これは何をたとえたの？ **比喩はA″だから筆者の主張Aを探すのが手順。** すると、その前に「文学の仕事は、この忘れがちな言葉の由緒にすすんで挨拶を送る」という文章があって、さらに「言葉の由緒」を鴎外は、「イガタを出たばかりの貨幣に譬えた」とあるね。

ここで、ここまでの筆者の主張の展開をまとめてみよう。

A 言葉には意味以上の意味がある。

← A′1 歴史的・伝統的意味

← A′2 言葉の由緒

← A′3 文理

↔ 対比

単なる符牒

矢印の逆をたどれば、「文理」は筆者の主張（A）である「言葉には意味以上の意味がある」の〝言い換え〟であることが分かるね。そうすれば、答えはやっぱり(ニ)「文章のあや」じゃないですか。この設問は言葉の辞書的意味を聞いているわけじゃない。君たちが文脈から言

葉をどう把握《はあく》しているかを聞いているんだ。

しかしこの比喩は私にはあまりに無機的、唯物的に思われる。

つまり鷗外の比喩ではまだ不充分だと。なぜかというと、言葉というのは生きているんです。ところが、鷗外は言葉を貨幣という無機物にたとえた。だから、気に入らない。じゃ、もう一回、同じことを自分がたとえ直してやろうじゃないか。こうきたんだね。また**比喩**。いま言ったことの、これも繰り返しなんですよ。最初から全部、**〝結論は一個〟**だけでしょ。**一つの結論を表現を変えてずっと繰り返している**んですよ。こういうことをまず学んでほしい。

では、筆者はどういう比喩を使ったかといえば、

私はこう言おうと思う。言葉は言葉の周辺に、微妙な感情のゼラチンを、蛙の卵のようにまとっている、と。周辺というのは正しくない。言葉は言葉自身の内実において、すなわちそれの持つ語の響きそのもののうちに、感情を含んでいるのであるが、比喩の便宜をもっていえば、私たちの語る言葉、書く文章

は、本当の理解をこのゼラチンに負うているのではあるまいか。

ここでズバリ**筆者の主張**が出てきた。**「私たちの語る言葉、書く文章は、本当の理解をこのゼラチンに負うている」。**分かりますか。「ゼラチン」は比喩ですね。蛙《かえる》の卵というのは「言葉」のことでしょ。

蛙の卵(1)

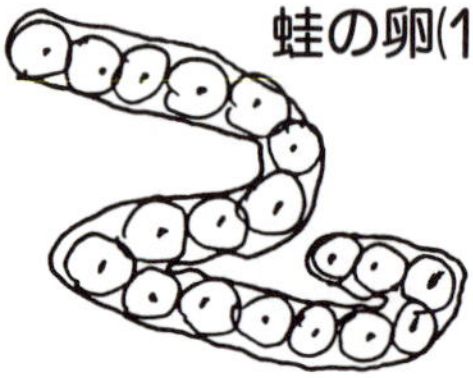

蛙の卵(2)

最近はあまり見ることはないと思いますけれども、僕が子供の頃は、池に行ったら必ず蛙の卵はありました。もう、何メートルも透明なのがグチャグチャつながってててね。中にいっぱい粒つぶがあるんです。この粒つぶが卵ですね。

子供のとき、おもしろかったのは、蛙の卵を取って来てバケツに入れておくんですね。で、水を入れて放ったらかしておくと、いつのまにか卵が孵化《ふか》してバケツいっぱいまっ黒なんですよ。おたまじゃくしがウジャウジャ、ウジャウジャいるんですね。卵は一個、一個はちいちゃいんです。それがものすごい数が集まって、ゼラチン状のものをまとっているわけ。

言葉の周辺にまとっている「ゼラチン」というのは比喩でしょ。なんの比喩かといったら、言葉のもつ「意味以上の意味」、あるいは「歴史的・伝統的な意味」、「由緒」でしょ。それを鷗外はイガタにたとえた。でも、これじゃ、無機的で気に入らないから、蛙の卵のゼラチンにたとえたわけです。このゼラチン部分こそ、ここでいう「意味以上の意味」なんですよ。

それで筆者は結局何を言いたいの？

文学の本当の理解は、このゼラチンを理解することにあるのだということを、言いたかったんですよ。分かったでしょ。これが大事なんです。これが言いたいから、冒頭に漱石の話をもってきた。証拠としてね。

なぜ、漱石は、漢詩は分かったけど英語は理解できなかったのか。漢文というのは、日本語と同じなんですよ。だから、言葉の持つ、「意味以上の意味」を漱石は理解できたんです。でも、英語はどれだけ学んでも、意味以上の意味が理解できなかった。

君らが英語を学ぶ場合も本当は言葉のゼラチン部分まで学ばなきゃいけない。でも、日本人である限りは、なかなかゼラチンまでは理解できない。そういうことでしょ。これは語学の修得における非常に難しい問題だね。

問六 波線部「彼はあれほど英語に……比ではなかった、」について、漱石が「英詩の本当のところはわから」なかったのはなぜか。その理由として最もふさわしいものを、次の(イ)〜(ホ)の中から一つ選びなさい。

問六はもういいね。この設問の選択肢は結構やさしいんだよ。**まずダメなのは、本文に書いてないこと。**例えば、(ロ)を見てください。こんなこと、どこにも書いてないね。あるいは(ハ)もそうですね。終わりのほうで「今日的な意味の理解に専念したから」とありますが、本文にはこんなこと全然書いてない。(ホ)も同じ。漱石が懼れや祈りをもってなかったなんて書いてないでしょ。

となれば、選択肢が二つ、また残った。**難しい問題の場合はたいてい二つ残る**ものなんです。よく「二つまではしぼれるんだけど……最後に間違ったほうを選んでしまう」と惜しがる人がいるけど、ちっとも惜しくなんかないんだよ。誰でも二つ残るんです。**二つ残ってからが勝負**。そのときが本当の勝負だけど、**自分の頭は絶対に信用しない**。あくまでも**本文に書いてあることが大事**。そうだったでしょ。

これは、言葉の問題。選択肢(イ)を見ると、「言葉の平凡さに慣れ、その言葉の由緒をすっかり失念してしまっていた」とありますね。(イ)だけ見るから、なんか正しいのかな、といった気になる。ところが、(ニ)と比べればハッキリするわけ。(ニ)はどう？

(ニ)「意味が意味を越えて溢れ出る、言葉の深い味わいを感得する可能性を備えていなかったから」。つまり「意味以上の意味を理解する可能性がなかったから」と言っているでしょ。それに対して、(イ)は「言葉の由緒を失念した」ということが出てくる。「失念」というのは、すでに持っていたということ。持っていたものを失ったんだ。でも本当は、漱石は最初からもち得なかったんでしょ。だから、(ニ)が答えね。

選択肢が最後に二つ残ったならば、〝自分の感覚で選ばず、二つを見比べながら本文で決定する〟、そこが分かれ道。

読解の基本ルール5

選択肢が二つ残ったら、相違点を見比べて本文で決定する。

では、次へいきましょう。

法律と科学の用語は、また一概には言いがたい哲学の用語も、何よりも先ず概念の規定に神経を尖《とが》らせて、意味の周辺にまつわる曖昧《あいまい》さの(3)ジョキョにつとめるだろう。

やたら硬《かた》くて読むと頭が痛くなるような法律や科学などの文章、ああいった文章は、言ってみれば生きてない言葉です。なぜなら、概念規定に神経を尖らせて、曖昧さ、つまり、ゼラチン部分を懸命《けんめい》に除去した文章だからだね。本当は、そういう文章のほうが機械的にすっきりと解けるんですがね。

だけど、文学は逆ですね。ゼラチン部分というのが微妙《びみょう》で、人によっていろいろな解釈が出てくる。科学とか法律は一生懸命にその部分を除去しようとする文章だから、そのままだと硬い。君らは、それはそれで理解できないとダメですよ。どっちも理解できる力をつけなければいけない。

そこには、言葉の剝製《はくせい》をもって生きた言葉に代える困難が生じる。

出てきたよ、**比喩**が。「言葉の剝製」といったら、ゼラチン部分を除去したものだから、前に出てきた**「単なる符牒」と同じ意味。**

文学とて、言葉の曖昧さの上に趺坐《あぐら》をかいているわけではない。文学もまた能《あた》うかぎり明晰《めいせき》に語ろうとするが、文学において、明晰に語ろうとする意志は、その口籠《くちご》もりに終る結果と矛盾しない。

それは、そうだよね。文学はゼラチン部分にこっているわけだから、明晰に語ろうと思ってもうまくいかないんだね。

難解語句は文脈から推測

表現を志す者にとって言葉とは、(b)御しがたい何かであり、用いようとする一語一語には(B)言いがたい匂いと翳《かげ》りがあり、語の繋《つな》がりには無限のあやと可能性がある。

「御《ぎょ》しがたい」、「御し」という言葉が難しいね。例えば、「御者《ぎょしゃ》」といいますね。馬車で馬を操る人。「御す」という意味ですけれども、この場合は、文脈で理解しましょう。もし、古文や英語で、分からない単語が出てきたらどうしますか？ 文脈から推測するでしょ。同じように、それが、現代文の力なんだよ。

問二

(b)
(イ) 使いこなしにくい (ロ) 付き合いきれない
(ハ) 尊敬しにくい (ニ) 理解しにくい
(ホ) 汚れにくい

「言葉とは、御しがたい何かだ」、「御しがたい何か」とは、もちろん「言葉」について形容したもの。こう考えて、**選択肢ではずれるのは何かを探す。**まず、(ロ)「言葉は〝付き合いきれない〟」といいますか？ (ハ)「言葉は、〝尊敬しにくい〟」といいますか？ (ホ)「言葉は〝汚れにくい〟」といいますか？ もう論外ですね。「言葉」を形容する表現は、(イ)「使いこなしにくい」か(ニ)「理解しにくい」、この二つでしょう。

二つ残った。**さあ、どうする？** これも、文脈の問題。言葉とは、使いにくい何かなのか、あるいは理解しにくい何かなのか。自分の頭でいくら考えても絶対に分からないよ。例によって自分の頭は信用しない。**決めるのは本文です。**本文の文脈で検討しましょう。

「表現を志す者にとって言葉とは御しがたい何かであり、……」

表現を志す者、表現する者にとっては、言葉はどう？ 使いこなしにくいのか、理解しにくいのか、どっち？

理解しにくいというのは、読者のほうでしょ。表現をしようと思っている人にとっては、言葉はゼラチン部分があってやっかいだから、使いこなしにくいじゃない？ バカみたいでしょ？ 答えは(イ)。分かった？

文脈というのは、あとから考えると当たり前のようだけど、いかに大事かって分かるでしょ。あるいは逆にこういうのをいかにいい加減に読んでいたかということだね。文脈を正確に押さえるというのは、普通に文章を読むんじゃなくて、文章を研究対象としてきちんと客観的にながめて分析する力を養《やしな》わないと、できない。それを安易に考えてしまって、普通に本を読むのと同じ感覚で読んでしまう。と同時に、本文に答えがあるのに自分勝手に難しく考えてしまってもダメ。

はい、今の文章の後半、いきましょうか。

問五 傍線部(B)「言いがたい匂いと翳《かげ》り」に対立する意味内容をもった五文字の語句を、問題文中から二つ抜き出しなさい。

「言いがたい匂い」と筆者が言っているのは**ゼラチン**のことです。イコール、**「意味以上の意味」**ということだね。そうすると、**問五**の答えは、簡単でしょう。**「単なる符牒」と「言葉の剝製」、これが答えです。**いいですね。このように最後まで、「言葉には意味以上の意味があって、本当の理解はそれに負っているんだ」ということを形を変え

A

意味以上の意味（ゼラチン）

反A ←→ **A**

単なる符牒（ゼラチンをのぞいたもの）

＝

言葉の剥製

て繰り返して述べてるんです。そういう文章ですね、この問題文は。

先へいきましょう。

言葉を選ぶことは(c)懼《おそ》れを伴う一つの賭《かけ》であり、あるいは祈りを伴う一つの試みである。彼はそのような試みによってやっと到達した一個の言いまわしを紙の上に置く。それがどのように彼自身に伝え得ているか、あとは言葉任せであるが、そこにおいて蛙の卵が蛙の卵であることはほとんど何の役にも立たない。それは自明の前提にすぎない。

そして、最後の結論。

彼はその自明の前提に立って、意味が意味を越えて溢《あふ》れ出るゼラチンのふるえ、ふくらみ、一般にニュアンスと呼ばれるものよりももう少しふかい言葉本来の精気ともいうべきものに助けられて、表現を成就するのである。

ここで、傍線(c)の設問。

問二 (c) (イ) 信仰 (ロ) 恐怖 (ハ) 感情 (ニ) 誤解 (ホ) 畏敬

この(C)**「懼れ」**というのはどういう意味ですか。文脈からいくと、「言葉を選ぶことは懼れを伴う賭」とある。なぜ賭かというと、一個の言葉から無限のあやと可能性が生じる。それが表現というものなのでしょう。そうした中で適切な表現を選ぶというのは、大変なことです。まさに賭じゃないですか。どんなに努力しても、うまくいくとは限らないのです。だから祈るしかないんですよ。無限の可能性から一語選ぶ。それは賭であり、祈りを伴う試みである、というのはそういう意味。そうやって一個の言い回しを紙に置いた。それでも後は、言葉任せなんですよ。それでも、うまい表現ができてないかもしれない、あとは、言葉に任《まか》せるしか仕方がない、だから、表現するっていうのは難しいんですよ。

じゃ、選択肢を見てみましょう。

まず、(ロ)の「恐怖」は「懼れ」とはニュアンスが違う。「懼れ」は「おそれかしこまる」という感じだからね。それと、(ハ)「感情」というのは、ちょっと漠然《ばくぜん》としすぎていますね。文脈から考えても、「賭」に伴うものを選ぶわけだから、「感情」を伴う「賭」って変ですね。(ロ)と(ハ)をまず消去しましょう。

(イ)の「信仰」はどうかというとこれは言い過ぎですね。もし、「懼れ」を信仰という意味で使っているならば、次に「祈りを伴う」という文を、「あるいは」と言い換えることはないでしょ。「あるいは祈り」と言っているのだから、「祈り」とは違った意味で用いているはず。だから、(イ)もダメ。

(ニ)「誤解」ならいけそうな気がしますね。「誤解」を伴う――文章としてもおかしくないね。ところがこれじゃ、考えが浅いんです。言葉を選ぶということは、単に「あ、誤解してしまった」じゃないよ。無限の可能性、あやから、一語を選ぶのだから、祈るしかないんでしょ。これを、「あ、誤解だ」といいますか、日本語として。次元の違う言葉なんだね。
こういうのを無造作に選ぶ人は、言葉というのがまだ分かってないんです。なんで分かってないかというと、ふだんから現代文を甘く見て、いい加減にやっているからなんだ。
言葉というのは無限のあやと可能性の中から一つ選ぶ。試みで、しかも、「祈り」と同列の言葉なのだから、これはやはり「畏敬《いけい》」がいちばんいい。㈭が答え。分かった？　では、**問三**にいきましょう。

問三　問題文中に用いられている「ゼラチン」・「蛙の卵」の比喩内容として最もふさわしいものを、それぞれ次の㈠〜㈭の中から、一つずつ選びなさい。

ゼラチン　㈠　波長　㈡　伝統　㈢　精気　㈣　ニュアンス　㈭　曖昧さ

「比喩」の問題

これが、いちばんやっかいだね。意外と難しいから気をひきしめていきましょう。

まず最初、ゼラチンって何かって、聞かれたら、本文を探しなさいね。選択肢を見ると、「波長」、「伝統」、「曖昧さ」とありますけれど「曖昧さ」というのはゼラチンの性質でゼラチンそのもののことじゃないでしょ。「波長」も似たようなもんでしょう。

じゃあ伝統はどうかというと、単なる「伝統」とゼラチンは違います。言葉のもつ「歴史的・伝統的な意味」ならまだいいけど、単なる「伝統」ではやっぱり不適切ですね。他にいい選択肢がなかったらしかたがないけど、あるんです。残った「精気」と「ニュアンス」というのは一か所しか本文にありません。だったら、**それをきちんと本文から捜《さが》す。**捜さないで何となく「ニュアンス」を選んだ人は、まだ思慮《しりょ》が足りませんよ。いいですか。

どこに書いてある？　いちばん最後でしょ。問題文の終わりから三行目に書いてあるよ。「意味が意味を越えて溢れ出るゼラチンのふるえ、ふくらみ、一般にニュアンスと呼ばれるものよりももう少しふかい」――ですよ。ということは**ゼラチンはニュアンスじゃない。「ニュ**

アンスよりもっと深い言葉本来の精気」と書いてあるじゃないですか。そうでしょう。だから、ニュアンスじゃ浅いんだね。答えは、(八)の「精気」です。では、次。

問三　蛙の卵
(イ)　意味としての言葉　(ロ)　意味を越えた言葉
(ハ)　剝製となった言葉　(ニ)　口籠りに終る言葉
(ホ)　何か有機的な言葉

「蛙の卵」はさっき描いたね。言葉を蛙の卵にたとえたもの。その卵は周辺にゼラチンをまとっている、ということは、ゼラチンは卵でない、ということです。蛙の卵は、その周辺にゼラチンをまとっているわけです。

まず、(ニ)の「口籠り」とか(ホ)の「有機的」というのは、やはり比喩内容としてはふさわしくないよね。(ロ)の「意味を越えた言葉」というのは、「蛙の卵」というよりも言葉の周辺にあるゼラチンを指すんですよ。分かりますね。言葉そのものではないんです。

(イ)と(ハ)は同じものを指します。「剝製となった言葉」というのは言葉そのものを指す。「意味としての言葉」も言葉を指すからね。じゃ、どっちがいいかといったら、(ハ)の「剝製となった言葉」は死んだ言葉なんです。分かりますか。ゼラチンを除去したあとの、死んだ言葉が剝製の言葉でしょ。そうすると、**生きた蛙の卵の比喩内容**としては、(イ)の「意味としての言葉」しか残らないから、こっちのほうが正解です。

結構、いやらしい選択肢でしょ？　ね、こういった問題は簡単そうに見えて難しいよね。

それでは最後の**問七**にいきますが、これもやっかい。

問七　「言葉」に対する筆者の考えとして最もふさわしいものを、次の(イ)〜(ホ)の中から一つ選びなさい。

さ、見ていきましょうね。まず三つは消去できると思うよ。ひどい順にいこうかな。(ロ)なんかひどいね。

(ロ)　言葉はそれがいかに明晰に表現されたとしても、その意味の周辺には必ず曖昧さをまつわらせているものである。だから、明晰に表現しようとするよりも、表現された言葉そのものの理解を言葉任せにするほうがよい。これは自明の理である。

こんなこと書いてないね。本文では、「言葉には無限のあやと可能性がある。その中の一つを選ぶというのは賭や祈りに値する行為だ。選んだらもうどうしようもない。あとは言葉任せにするしかない」と言っているわけで、言葉任せにしたほうがいいなんて言ってないでしょ。「自明の理」なんて、全く自明じゃない（笑）。これはダメですよ。

次にひどいのは(ニ)。

(ニ) 言葉はその周辺に微妙な感情のゼラチンを、蛙の卵のようにまとっている。しかし、私たちの語る言葉、書く文章はこのゼラチンを取りのぞく作業によってこそ伝達可能となり、他人との理解もそこからはじめて出発することになる。

こっちのほうが(ロ)よりもっとひどいかもしれないね。「私たちの語る言葉、書く文章はこのゼラチンを取りのぞく作業によってこそ伝達可能となる」。——逆だね。本文で「私たちの語る言葉、書く文章は、本当の理解をこのゼラチンに負うているのではあるまいか」と言っているのに、ゼラチンを取り除く作業によって伝達可能だなんて、まったく違う。

あとは、ちょっとまぎらわしいかな。でも、まあ、(イ)なんか選んでいる人はそういないと思います。

(イ)　母国語と外国語との間には永遠に越えることのできない障壁が存在する。しかし、外国語を理解しようと志す者はその障壁の彼方《かなた》にある言葉の平凡さに注目しつつ、一方では明晰に語ろうとする意志を忘れるべきではない。

まず、母国語と外国語の壁について筆者は言いたかったわけじゃない。さらに、「明晰に語ろうとする意志を忘れるな」と言いたいんじゃない。意味以上に微妙なゼラチン部分が大事だと言ってるわけですね。

となったら、(ハ)か(ホ)なんですよ。一見するとどっちも正しい気がしませんか。実はね、どっちも本文に書いてあるんです。では、(ハ)から見てみましょう。

(ハ) ひとつの事実を表現しようとする場合、いくつもの表現が可能である。しかし、用いようとする一語一語の持つ、言いがたい匂いと翳りをよく吟味し、選択して表現することにより、ニュアンスをこえた表現を獲得することができる。

これね、**「イイスギ」**てますよ。「言いがたい匂い、翳り」を吟味、選択するんだけど、それによってどう？　ニュアンスを越えた表現を獲得することができますか。できるんなら、賭とか祈りとか、言いませんね。できるって、断定できないんでしょ。

もちろん、「言いがたい匂い、翳り」をきちんと吟味して無限の可能性から一個を選ぶ。でもそれは賭や祈りを伴うことなんですよ。選んでしまえば、あとはどうしようもない。あとは言葉任せなんですよ。それでもダメかもしれない。だから、「表現を獲得できる」と断定してしまうと、これは**「イイスギ」**なんですよ。

(ホ) 言葉は、意味としてのみ死んだように存在するのではなく、意味以上の意味として存在する。だから、言葉による表現を志す者も、またそれを理解しようとする者も、言葉に対する懼れや祈りを常に忘れてはならない。

ということで、結局これが結論になります。答えは、(ホ)。

解答＊問題3

問一　(1)表象　(2)鋳型　(3)除去
問二　(a)―(ニ)　(b)―(イ)　(c)―(ホ)　問三　ゼラチン―(ハ)　蛙の卵―(イ)　問四　(ハ)
問五　単なる符牒、言葉の剝製　問六　(ニ)　問七　(ホ)

どうでした？　油断して何となく解いちゃって、ほとんど点数がなかった人も多いのじゃないかな。でも、あきらめることはないよ。冒頭にも言った二点をしっかり心に刻み込んで立ち向かえば、**必ず現代文は解けるようになる**からね。

第4回

小説の読解法

講義の焦点《フォーカス》

- 小説の原則〝心情と風景描写は一致する〟
- 心情は〝動作・セリフ・風景描写・文体〟などによって表現される
- 文脈把握力を身につける

今回は、**小説の解き方**を徹底してやっていこうと思います。

僕は、小説というのを非常に大事にします。なぜかというと、センター試験では、評論と小説というのがまったく対等の比率でしょ。だったら、**小説のほうが非常においしい**んですよ。

しかも、センター試験では評論はほとんど満点近く取れるのに、わりとできる人に限って、小説でひどい目に合っているという事実があるんです。予備校の東大、京大クラスに入ってる人で、現代文で失敗したという人に聞いたら、**小説で失敗しているケースが圧倒的に多い。**本人は、ふだんはできてたのにって言うんですよ。たまたまそのときだけ小説で全然点が取れなかった、運が悪かった、と当人は思っているわけですね。

小説は本来おいしいジャンルなのにそれではまずいわけで、ほんとに分かれば、どんな問題でも必ず解けるはずなんです。ムラがあってできなかったというのは、やっぱり**解き方が悪かった**んです。

小説というのは、読んだら誰でも意味は分かります。硬い評論は内容自体の意味をつかむのが難しくて解けない場合が多いかもしれないけど、**小説は意味が分かるのに解けない**んです。

それはなぜかというと、解き方が間違っているからです。

だから、**君たちの現代文の解き方をチェックするのに小説は最適のジャンルなんです。**小説が君たちの志望校の入試問題に出る出ないに関わらず、僕がみんなに小説の問題を課すのは、そのためなんです。

読解の基本ルール13

小説は現代文の解き方の適否をチェックするバロメーターである。

じゃ、一般に君たちの解き方がどう悪いかといったら、これはハッキリしています。**客観的に文章を押さえていない**のです。自分では客観的に内容をつかんだ気になっているけど、実際には無意識のうちに**感覚で解いている**わけです。では、なぜそうなりがちなのか、という話をまずやっていきましょう。

入試小説の着目点

まず、「小説」といいますけれど、実は入試に出てくるのは小説というよりも、**小説の一部**です。これもしっかり意識しないとダメですね。だから、普通にわれわれが小説を読む方法で入試問題を読んだら失敗しますよ。

本来、小説というのは、一つの完結したストーリーと世界を持っているわけだけども、入試に取られてくるのは、そのうちのほんの一場面だけなんです。したがって、その一場面だけから、筆者の思想とか文学観とかを読み取れるわけがないんです。

その場面において読み取れるのは、その場面での**〝登場人物の心情〟**だけなんです。**登場人物がその状況でどんな気持ちでいたのか、あるいは一定の事件が起こって心情が大きく変**

化する、それをきちんとつかめたかどうか、これだけが問われるんです。

でも、これをつかむのは実に難しい。われわれは、他人の心情、つまり人の気持ちをどうやってつかみますか？　そもそも、われわれは他人の気持ちなんて絶対分かりっこないのです。

では、テレビドラマを見ているときなど、主人公の一挙一動にドキドキするのはどうしてかというと、無意識のうちに**自分の心情を通して人の心情を推測している**のです。主人公が悲しい場面に遭遇《そうぐう》しているとき、自分ならこんな時つらくて仕方ないから、彼（彼女）もさぞかしつらいだろう、と推測しているわけです。自分なら腹が立ってがまんできないから、きっと彼（彼女）も腹を立てたことだろうと思うのです。それを**「感情移入」**といいます。

普通、小説を読む場合、その主人公になりきった気になります。そうしないと、小説なんかちっともおもしろくありませんね。われわれは**人の気持ちを必ず自分の気持ちに置き換えて理解している**んです。

例えば、川端《かわばた》の『伊豆《いず》の踊子《おどりこ》』の例を出しましょうか。この小説を読むとき、みんなが自分の頭の中に自分なりの踊り子像を作っています。そのイメージはみんな違っているんです。そして、例えばその踊り子が、ある場面で話をしている最中に、急に黙《だま》り込んでしまったら、きっと寂《さみ》しくなったんだなとか、あるいは悲しいんだなとか、怒っているんだな、とそれぞれ違うことを思ってしまうんですね。ここに問題を解くにあたっての大きな問題があります。

心情描写の表現法

入試における小説は、全体の一場面を切り取ったもので、そこからは主人公の心情しか読みとれないと言いましたが、では、その心情はどのように描かれているかといいますと、実はそれは**直接的な言葉では一切説明されていない**のです。

例えば、「悲しい」という心情があったとするでしょ。そうした場合、「彼女は悲しかった」などと、直接説明するような下手な文章はまずない。「悲しい」と一言も書かずに、その悲しみを表現するのが、小説の描写というものなんです。そこが、「評論」と一番違うところですね。

じゃ、ある心情を具体的にどう表現するのか、といったら、例えば**動作**で示す。「ふと、彼女は口をつぐんだ」とか、「いつまでも窓の外を見ていた」、「視線を落とした」とかね。そうした動作で、登場人物のなんらかの気持ちを表現するわけです。

あるいは、**セリフ**もある。例えば、非常に俗っぽいけど、「ふと彼女は、『海がみたいわ』と呟《つぶや》いた」なんていうセリフがありますね。読者はそういったセリフから、例えば、きっと彼女は寂しいんだな、などと推測するんだね。

さらに、**風景描写**、あるいは**文体**も同じように登場人物の心情を表現する手段なんです。風景描写というのは、誰が見た風景？　作者じゃないでしょう。作者は暗い部屋の中で原稿を書いているわけですよ。例えば、海辺の光景があっても、海を見ているわけじゃないよね。作者は、登場人物になりきって、登場人物の目に映っている風景を見ているんです。そしてその景色を描いていくんです。

だったらどう？　同じ景色でも、登場人物が悲しかったらば、その悲しい目に映った風景というのは、当然悲しく見えてくるはずです。だから、どちらかというと湿っぽい、暗い描写になっていくんですよ。

ところが登場人物の心情が歓喜に満ちて、踊るような気持ちでいるとき、その目に映った風景をザーッと描いてごらん。いきいきとしたリズム感のある風景描写になるはずです。

〝心情と風景描写は一致することが小説の原則〟

なのです。そして、そういった登場人物の心情を描写するために、**文体**というのがあるんです。

例をあげましょう。過去に神戸大学で野坂昭如《あきゆき》の文章が出まして、設問の中で、「文体の特色を論ぜよ」というのがあったんですね。文体の特色を指摘することはできるんです。しかし**「論ずる」**というのはどういうことか、多くの受験生は途方に暮れたはずです。

彼の文体の特色は、まず一文がすごく長く、読点が多いんです。それで、ダラダラ続いていく文章なんですよ。そういう文体の特色はわりと簡単に指摘できるけど、それを「論ずる」ってどういうことか、みんな途方に暮れた。でもね、実は**文体というのは作家が表現したい心情にふさわしいものになる**はずです。だから、**心情をつかむことが文体を論ずるための前提になる**んです。

このときの野坂の文章はエッセイですけどね、その心情を読みとってみると、実は彼が「子どものときに空襲にあって、目の前に爆弾が落ちてきて、家族が中にいるのを知っていながら、自分は逃げた」っていう話なんですよ。後ろめたくて仕方がないというのが彼の心情です。

それで、どうですか。後ろめたい気持ちを表現するときに、強い断定的な、歯切れのいい文章を使いますか。逆に、屈折《くっせつ》した文章を使うよね。だから、ポツリ、ポツリと、あっちへいったりこっちへいったり。

いかに自分の心情が後ろめたくて、とても人に言えないことを吐露《とろ》しようとしているかってことを、この文体で野坂は見事に表現しているんです。つまり、**この文体にも、やはり登場人物の心情が投影されていた**わけですね。

だから、**「作者の後ろめたくて仕方がない心情を表現するために、作者はこれこれの文体をとった」と書けば、文体の特色を「論じた」ことになる**わけです。

読解の基本ルール⑭

◎登場人物の心情（A）は次のような手段によって表現される。

A′↓①動作　②セリフ　③風景描写　④文体

まあ、こういったことを考えればいいでしょうね。そして、評論のときと同様に、この**心**

情をAとすれば、**動作やセリフや風景描写などはA′**にあたるんです。

正解への過程

小説の入試問題というのは実際どうなっているかといったら、評論といっしょで、**A′——動作、セリフあるいは風景描写なんかに線を引っぱって、これはどういうことか**と聞いてきます。

例えばさっき動作について言いましたよね、「彼女はふと口をつぐんだ」。そこに傍線を引っぱって、さあ、どういうことか説明せよといわれても、いま話したようなことが分かっていないと、口をつぐんだというのは黙《だま》ったということだ、それ以外に説明しようがないでしょう。こういう設問は、結局、**心情を聞いている**んですよ。だから、彼女は口をつぐんだといったら、どういう気持ちで口をつぐんだのか、悲しいのか、寂しいのか、そういうことを答えることになるわけですね。

（問）A′…動作、セリフ、風景描写
（答）A…登場人物の心情

じゃあ、われわれはそれをどう考えていったらいいのか？　さっきも言ったように、普通われわれは自分なりに主人公像を思い浮かべていて、彼女が急に黙ったといったらば、自分だけの気持ちや感覚というフィルターを通して、他人の心情を推測しようとしている。

そうすると、この感覚というのは、一人ひとり全部違うんです。となれば、**主人公の同じ動作から、人によっていろいろな心情を読み取ってしまう**んですよ。「彼女はふと口をつぐんだ」っていうと、「あ、寂しいんだろう」、「怒っているのかな」とか、人によっては「泣いているのかな」、と思うかもしれないね。

つまり読み手によって、まちまちに感じられるんですよ。普通に小説を読むというのは、そういうことなんです。感情移入して、読んでしまうからね。

そうなるから、結局、**答えはいくとおりにもなってしまう**。次の図を見てください。

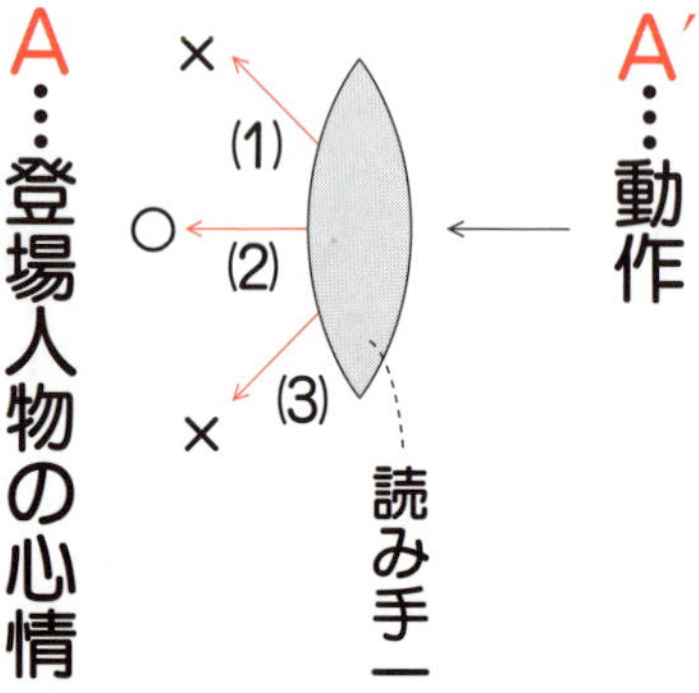

ある動作から登場人物の心情を読み取る場合、本当は、(2)のようにまっすぐきたのが答えだとしましょう。でも、読み手一人ひとりの自分勝手な感覚のフィルターを通すと、ゆがんだ(1)とか(3)になりうるのです。そして、それを×といわれても納得できない。自分の感覚を通せばこれしかないんですからね。なぜ(1)や(3)がダメで、(2)が答えなのか、いくら考えても分からないんですよ。

たまに、自分の感覚と出題者の感覚が近いとおもしろいほど合うことがある。でも、この感覚が全然違えば、主人公の同じ動作からまったく違う心情を感じとってしまうから、全然合わないんです。そういうふうにやっている限り、小説というのは、君たちの学力とはまったく関係なくなってしまう。

そして、なぜ×なのかいくら考えても解決のつけようがないから、やっぱり現代文はセンスだ、小説は感覚だ、と逃げてしまう。まあ、センスなら生まれつきだから仕方がないとあきらめてしまうか、たくさん問題をこなせばセンスが良くなりいつかできるようになると思うか、どっちかだよね。

でも、この**感覚というフィルターを通して読んでいる限りは、どれだけ問題を解いたって同じ**なんですよ。だから、ときどきいい成績を取って「これが実力だ」と思いこんだ人は、本番で全然点が取れなくてガクッとくる。あるいは、その逆もあるかもしれないね。

これじゃ何の練習にもなってこないんです。では、どうしたらいいかといったら、要は、この**〝感覚〟というフィルターを外して、図の⑵のように、ストレートにありのままに心情をつかまえていくようにしなさい**ということになる。ハッキリ意識しないと、この感覚というフィルターははずれないよ。

もう一つ、例をあげましょうか。実際の入試問題で、僕の講義でもやったことがあるんですけれど、女の子が主人公の小説で「この少女の人物像はどういうものか」という設問があったのですね。みなさんに解いてもらって、選択肢(ア)(イ)(ウ)(エ)(オ)のうちどれを選んだか手を挙げてもらったことがあるんです。どうなったと思う？

どの選択肢にもバラバラに手が挙がったんです。例えば、非常に勝ち気な少女とか、あるいはおとなしく恥ずかしがりなタイプとかいうんだけど、実は各自自分の好みの女性のタイプを選んでいたんですね、特に、男性の場合は（笑）。まず自分の中にいろいろな女性像があって、それをもとに自分なりの主人公のイメージを勝手に作っていたということなんです。だから、バラバラになるんだね。これがこわいんです。

小説の分析的な読み方

じゃ、この感覚というフィルターをどうやってはずすかといったらいい？　本文に書いてある、**心情を表現した動作やセリフ、風景描写、**こういったもの全部に**線を引っぱっておきなさい。客観的な証拠を全部拾っておきなさい。**そして、それを**絶対自分で解釈しない。**

特にセンター試験では、ミスをしない、確実に満点を取るやり方を身につけなければダメだよ。そうじゃないと、いつ本番でひどい目に合うか分からない。いい？　よく心情を表しているセリフ、動作、文体などに全部線を引っぱっておく。

そして、傍線部の心情をつかむときどうするかというと、傍線部だけ見て考えるからダメなんです。その心情は、前の心情と連続しているんです。あるいは、その後の心情と連続しているんです。だから、つなげて考えていくんだね。これは文脈といっしょの考え方。**前後関係から見る。**それが全部バラバラだと精神分裂症の主人公なわけですから、そういうことはまずありえません。**同じ人間なら必ず心情は連続している**はずです。**たくさん証拠をあげて、それをつなげて解釈していく**んです。

あるいはなにか大事件でもあれば、心情は大きく変化するかもしれないけど、変化するまではつながっているはずです。また、変化するときは何らかのキッカケがあるはずですね。だから、**傍線部は単独で判断せずに、前後の心情につなげて、そこから間にはさまれた傍線部の心情を規定していきなさい。**客観的な証拠だけで判断していきなさい。これをきちんとやること。

あるいは**接続語、指示語を正確に押さえなさい。**評論以上に評論的に解いていきなさい。**自分の感覚をいっさい信用しない。**これが、**分析的な読み方**というものなんですよ。

読解の基本ルール15

◎小説は評論以上に評論的に解く。そのためには、

● 心情を表現する「動作」「セリフ」「文体」「風景描写」を客観的証拠として、すべて拾っておけ。

● 傍線部は常に前後の「心情」とつなげてとらえよ。

● 接続語、指示語をきちんとおさえる。

● 自分の感覚を信用するな。

一般小説と入試小説の違い

僕は、一般の小説を読むのと入試の小説を読むのとは違うといった。理由は簡単。たとえ話をしますと、花が好きな人がお花畑に行って花を鑑賞するのと、花を研究するのと同じ行為ですか？　この当り前のことを君たちは分かってない。花を鑑賞したい人は、自分なりに花を楽しめばいいんですよ。でも、花を研究する人は、花を切り取るんですね。切り取って、標本に

したり顕微鏡《けんびきょう》で覗《のぞ》いたりして、花全体をいろいろな要素に分けてそれを数えあげたりするわけでしょ。

入試問題は、君たちに小説を楽しみなさいといっているんじゃないね。**小説を研究対象として客観的に分析せよ**、ということが求められているんですよ。そういう学問的な能力を見られているわけです。それなのに、小説となると、普通、小説を読むように楽しんでしまうんです。感情移入して、自分の感覚で全部処理してしまうから解けないだけなんです。

では、入試問題を通して以上のことを具体的にやってみましょう。

今回は**センター試験の問題**です。この文章は非常に複雑でして、主人公の心情が次々と変わっていくわけです。芥川龍之介というのは、女性の心情を描くのが巧《たく》みと言われてますけど、ここでもそうですね。

さあ、それではさっそく［問題４］をやってもらいましょう。

問題４　芥川龍之介『秋』

▼別冊29ページ参照

まず初めに本文の前に書いてある文章を見てください。

次の文章は、芥川龍之介の小説『秋』の一節で、……信子もかつては作家を志望しており、俊吉と結婚するものと周囲から見られていた。

本文前の説明文は要チェック！

本文が始まる前の最初の説明の文章というのは、きちんと読んでおきなさい。いい加減に読む人がいますけれども、なぜわざわざこんなことを書いてあるかといったら、**これを頭に置かないと問題が解けない**からなんだよ。

それにしても、ここに描かれているのは非常に複雑な人間関係です。主人公の信子というのは作家志望ですけれど、俊吉とはかつて相思相愛の仲で、周りはみんな二人が結婚するものとばかり思っていたんです。ところが、二人は結婚しないで、こともあろうに俊吉は信子の妹と結婚したんです。

三角関係ですね。しかも、新婚ホヤホヤ。その新居に信子が初めて訪《おとず》れる場面だ、といったら、最初からどうもただごとではないですよね。

ということで、以下は、**登場人物の心情を描いている文章をチェックしていくという意識で読んでいきなさい。**

それでは、第一段落から見ていきます。

そこへ女中も帰って来た。……「じゃお姉様がいらしった時は、誰《だれ》も家《うち》にいなかったの。」「ええ、俊さんだけ。」——信子はこう答えることが、平気を強いるような心もちがした。

さっそく出てきた。最後の部分に線を引っぱろう。さあ、まず信子の心情は、**「平気を強《し》いる心もち」**ということなんだけど、これはどう？　実は平気じゃないってことなんだ。動揺しているんだ。だから、わざと平静になろうとしてるんでしょ。

で、次。「夫には……」以下にも線を引っぱろう。

するとと俊吉が向こうを向いたなり、「ⓐ旦那様《だんなさま》に感謝しろ。その茶も僕が入れたんだ。」と言った。照子は姉と眼《め》を見合わせて、悪戯《いたずら》そうにくすりと笑った。

が、夫にはわざとらしく、何とも返事をしなかった。

センター試験の出題パターン(1)

センター試験の特色として、**傍線部の説明問題**が多く出題されますが、その場合、たいていは、**傍線部を含む小段落の要旨を聞いている**のです。で、最後に**全体の要旨を聞く**設問が置かれている場合が結構多い。こういったパターンだと知っておけば、問題を解くのに非常に楽です。

●センター試験の設問の流れ

● 小段落内で解決のつくことが比較的多い説明問題
↓
● 最後に、全体の要旨に関わる説明問題

早稲田大学や同志社大学。それに京都大学なんかも、こうしたパターンの問題が多いですね。

では、**問一**。何を聞いているかといいますと、「旦那様に感謝しろ。その茶も僕が入れたんだ。」という俊吉の発言があって、それについての説明を求めている。

> **問一**　傍線部ⓐ「旦那様に感謝しろ。その茶も僕が入れたんだ。」とあるが、この発言についての説明として、最も適当なものを、次の①〜⑤のうちから一つ選べ。

まずここで最低限やらなきゃいけないことは何かといったら、**文脈を押さえること**。具体的にいえば、**傍線部もしくは空所問題はその前後をチェックする**。特に、**接続語**、**指示語は文法的根拠だから、二重のチェックが必要**です。第1回の講義でも言ったね。

読解の基本ルール4

- **「空所問題」は空欄、傍線部の前後をおさえるのが鉄則。**
- **特に接続語、指示語に注目！**

となったら、何をやる？　まず、見た瞬間、機械的に傍線部ⓐの前の**「すると」**をチェックしないとダメ。「すると」というのは、順接です。つまり、**その前の内容を受けている。**

その前というのは、信子が平気でなかった、気まずかった、という内容でしょう。なぜなら、俊吉と元の恋人の信子と二人きりだったんだよ。それに対して、妹の照子は「意外」だったと言っている。思ってもみなかったんでしょう。女中が一緒にいると思っていたんだよね。ところがいなくて、元恋人同士が二人きりでしょ。だから、照子は「意外らしい気色《けしき》」を見せ、信子は平気じゃないんですよ。動揺している。そこで平気を強いる気持ちになった。

それを受けて「すると」、そして次に俊吉のセリフがくるんです。ということは、俊吉の心情というのは、**その前の信子と照子の間の非常に気まずい雰囲気、あるいは心情を受けて、冗談を言った**、となるんです。

さらに、傍線ⓐの後を見てみると、「照子は、夫にわざとらしく返事をしない」といっているんだから、やはり、平気じゃないんですよ。どこかで根にもっているんだね。

ここで、正確に三人の心情をつかまえなさい。そこで選択肢を見る。

①「普段、家事の手伝いをさせられている不満を、信子のいるところではらそうとして言った」――「普段、家事の手伝いをさせられている不満」というのは、本文中を見ても、いっ

さい根拠がない。書いてない。こういった、**本文とは全く関係がないもの**を、**「無関係」**と言いましたよね。これはまず、ダメ。

②「俊吉は普段は家事の手伝いなどをしないのに」――この段階でこれも**「無関係」**です。普段から家事の手伝いをしたとかしないとかなんてことは本文中どこにも書いてない。これは絶対選べません。

あるいは④、「自分と信子がうちとけているので機嫌を悪くした照子を、たしなめようとして高圧的に言った」――これはどう？　この選択肢の俊吉の心情は「たしなめる、高圧的」ということでしょ。**これに対応している根拠を必ず〝本文から探す〟こと。**

傍線ⓐの後は、どうですか。「照子は姉と眼を見合わせて、悪戯そうにくすりと笑った」。もし俊吉が、たしなめようとして高圧的に言ったのならば、「悪戯そうにくすりと笑う」という心情とはつながってこない、だからおかしい。

さらに、⑤「自分だけが仲間はずれになっているのがつまらないので、無理に会話に加わろうとする」――これは、「すると」の前の心情とまったく連続しない。分かりますね。「すると」の前は、平気じゃなかったんでしょ。気まずい雰囲気があった。すると、俊吉は冗談を言ったんでしょ。
そういったことを踏まえて選択肢を見れば、③しかないよ。
③「気まずい空気がただよいそうな気配を感じて、それを救うように軽い冗談をとばした。」――いいですね。**絶対自分の感覚で判断しない。**この問題は簡単ですけれど、**普段から、こういう簡単な問題でも〝客観的に分析していく〟癖《くせ》をつけなさい。**いいですね。
はい、次いきましょうか。傍線(ア)、(イ)、(ウ)の問題のところまで。

間もなく信子は、妹夫婦と一しょに、晩飯の食卓を囲むことになった。照子の説明するところによると、膳《ぜん》に上《のぼ》った玉子はみな、家の鶏が産んだものであった。俊吉は信子に葡萄酒《ぶどうしゅ》をすすめながら、「人間の生活は掠奪《りゃくだつ》で持っているんだね。小はこの玉子から――」なぞと社会主義じみた理屈を並べたりした。その癖ここにいる三人の中《うち》で、一番玉子に愛着のあるのは俊吉自身に違いなかった。照子はそれが可笑《おか》しいと言って、子供のような笑い声を立てた。信子はこういう食卓の空気にも、遠い松林の中にある、寂しい茶の間の暮れ方を思い出さずにはいられなかった。
話は食後の果物を荒らした後も尽きなかった。微酔を帯びた俊吉は、夜長の電灯の下にあぐらをかいて、盛んに彼一流の(ア)詭弁《きべん》を弄《ろう》した。その(イ)談論風発が、もう一度信子を若返らせた。彼女は(ウ)熱のある眼つきをして、「私も小説を書き出そうかしら。」と言った。

センター試験の出題パターン(2)

問二の設問を見てください。

問二　傍線部(ア)〜(ウ)の語句は、本文中でどのような意味に使われているか。最も適当なものを、次の各群の①〜⑤のうちから一つずつ選べ。

センターには、必ずこうした語句の意味を問う問題が出てきます。例えば(ア)は**「詭弁を弄する」**という慣用句の意味を知っているかどうかという問題ですね。知っていれば問題ありませんが、知らなかったときどうするかが大事です。知らなかったら諦《あきら》めるべきか、といったらそうじゃない。実はね、**マーク式の問題では、自分が分からないときこそ、本当の勝負**なんです。

例えば極端な話をしますと、マークの問題で半分しか分からなかったとする。でも、まずこの分五〇点は、きちんと点が取れますね。そして、分からなかった残り半分をまったくいい加減にやれば、選択肢の数が五個ずつあるものとして、正解の確率は五分の一です。

ところが、分からなくても、明らかにダメなものを消去して、二つにまで絞《しぼ》ってごらん。そうすると、確率は二分の一に上がります。それでも間違うかもしれない。でもね、トータルすれば、確率的には半分合うはずです。運が悪くても、だいたい四割は合うはずです。

となったら、五〇点満点で、悪くても二〇点は取れるでしょ。だったら、分かっている五〇点と残りの二〇点を足せば七割になるんです。七割あれば、たいていはどこでも通ります。そういった意味では、**マークの問題は、半分分かっていれば通る**んです。ただし、**分からない問題の選択肢を二つにまで絞ることができたものとして**です。

合否に直結する「文脈把握力」

じゃあ、どうやって絞るかといったら、いつも言うように、そのカギは**文脈**なんです。文章のつながり方から選択肢はたいていは二つに絞れます。それどころか、かなりの問題は文脈から答えが出てしまいます。中には三つぐらいまでしか絞れないものもあるかもしれないけど、平均すれば、だいたい二つには絞れる。

普段から、そういうことを意識して、**分からないときは〝文脈に合わないものを消去していく〟**という習慣をつけるんです。そういう解き方をしていると、自然に文脈の把握《はあく》力がついてくる。最初から諦めていると、いつまでも力はつきません。実は、こういった**文脈把握力というのが、本当の合否を左右している**んです。

文脈というのは、現代文だけの話ではないんだよ。**英語、古文、漢文、など言葉の教科というのは、すべて文脈把握力が大きくものをいう**のです。だから、現代文でこのやり方をマスターすれば、英語、古文、漢文でも、分からない問題がかなり的確に推測できます。だから、全教科、一割もしくは二割の得点アップが十分可能なんです。

もちろん、英語でも未知の単語を前後の文脈から推測することは誰でもやっていることです。でもそれは何となくやったりやらなかったりしているだけで、**意識して文脈把握力を訓練している人は少ないと思います。この講義では、その力を意識的にしっかり身につけていきます。**いいですね。

では、**問二**の(ア)に戻りましょう。

この場合、「詭弁を弄した」の意味が分からなかったらどうするかといったらね、その後に具体例があるんです。「彼の詭弁」の具体例というのが、次に登場しますよ。もうちょっと読んでみましょう。

するとと従兄《いとこ》は返事をする代わりに、グウルモンの警句を抛《ほう》りつけた。それは「ミュウズたちは女だから、彼らを自由に虜《とりこ》にするものは、男だけだ。」という言葉であった。信子と照子とは同盟して、グウルモンの権威を認めなかった。……照子は真面目《まじめ》にこんなことまで言った。

さあ、**「詭弁を弄する」**とはどういうこと？　といったらね、この信子というのは、小説家志望でしょ。そして俊吉はすでに小説家。信子というのは、小説家志望だけれど、いまは諦めて、結婚生活を送っている。で、また書こうという気になってきたんです。

「私も小説をもう一回書こうかしら」と言ったら次に詭弁を弄したんでしょ、俊吉が。俊吉が言ったセリフ、「ミューズ（芸術の神）というのは女だから、男しか虜にできない」は、極端に言えば、「女性には芸術なんか無理だ」ということなんです。これはむちゃくちゃな論議でしょ。だから、照子と信子二人が同盟して反論したんだよね。この場合、俊吉のこういった言葉が**「詭弁を弄する」**ということでしょう。

はい、そこで**問二**の(ア)の選択肢を見てください。

問二　(ア)　詭弁を弄した

文脈から推測していくよ。例えば、④「あいまいな議論」――俊吉は「芸術の神様ミューズは女だから、男しか虜にできない」とハッキリ言っているのだから、「あいまいな議論」ではない。これは「詭弁を弄する」の意味が分からなくても、消去できるんです。

⑤「もっともな正論」――こんなバカなことないね。これがもっともな正論だったら、女

性は全部芸術はダメだということだもん。このようにして、この二つはすぐ消去できるんです。

文脈から明確に推測できるものは、この二つぐらいです。残ったのは①「こじつけの論」か、②「哲学的ないいまわし」か、③「自信に満ちた自説」か？

③は違うんじゃないかというのは、たぶん推測がつくと思います。となれば、①と②の二つに絞れます。あとはもう仕方がない、運ですね。自分がこれだと思うのを選ぶしかない。本来は、「詭弁を弄する」という言葉の意味を知っていなければ零点なんですから。でも、まあ、二つ、三つに絞っておけば、ちょっとでも偶然合う確率が高まったんだ、ぐらいに思っておけばいい。

答えを言ってしまうと「詭弁を弄する」は、**「こじつけの論議をする」**という意味なんです。**①が答え。**これくらいの意味は覚えておきなさい。

次の(イ)の問題——**「談論風発」**、これも非常によく出題されるので、意味は知っておかなければダメです。でもたぶん、知らない人が多いと思う。

これがもし分からなかったらどうする？　また**文脈から推測する**んでしょう。**傍線の前後をチェックする**と、傍線の直前に何がありますか。これはつねに機械的・習慣的にチェックしなくちゃダメ。ここでは**指示語「その」**がある。これは、**文法的根拠**です。「文法的」ということは、絶対的なんです。

「その」というのは、その前の「彼一流の詭弁」を指しています。その談論風発でしょ。ということは、これは俊吉の詭弁を指しているわけ。そこで、**問二**の選択肢(イ)を検討します。

> **問二**　(イ)　談論風発

①「的外れな論議を」の次、「互いに」がダメ。なぜかといったら、談論風発は、彼の詭弁です。俊吉一人の詭弁を指しているのだから、「互い」じゃない。

同じ理由で③の「やりとり」もおかしい。彼の、俊吉の詭弁だもん。「やりとり」じゃおかしいでしょ。分かりますね。

④の「突然始めたりやめたりする」、その後に詭弁の例が出てきますけれど、突然始めたりやめたりしていませんよね。

あるいは、⑤の「断続的」も変だよね。

となれば、「談論風発」の意味が分からなくても、②の**「活発な論議」**しか残ってこないんですよ。こうやって、答えを推測することができるんです。分かった？　分からないときには、こうやって頑張っていくと力がつくんだよ。絶対諦めないこと。

次は(ウ)**「熱のある眼つき」**の意味。「熱のある眼つき」の〝熱〟というのが問題ですけれども、(ウ)の後を見ると、「私も小説を書き出そうかしら」と、こう言ったときの信子の眼つきであるわけです。**やる気になっているん**ですよ。自分ももう一回小説を書こうかしら、といった心情をつかまえる。**そのときの眼って、どんな眼かということを文脈から考えればいい**んですよ。

そこで**問二**の選択肢(ウ)を検討する。

> **問二**　(ウ)　熱のある眼つき

①「高熱でうるんだ」――「私も小説書こうかしら」と言った瞬間、熱が本当に出たら、これはおかしな話ですよね。だから、これはダメ。

あるいは②の「疲れた」もおかしいでしょ。あるいは③の「愛情がこもった」。今でも、もちろん俊吉を好きなのかもしれないけれど、「小説を書こうかしら」というのと愛情とは関係ありません。

となれば、④か⑤。「情熱」か「自信」か、ということになる。別に自信があるわけじゃないんですよ。この熱というのは、**やろうとする情熱**でしょ。だから、**答えは④**。こうやって推測ができます。いいですね。このように、**分からないときこそ勝負だ**、と思って、文脈から推測していきなさい。

はい、本文のつづき。第四・第五段落。そのまま信子は、泊まっていきます。

その暇に夜が更けた。信子はとうとう泊まることになった。
寝る前に俊吉は、縁側の雨戸を一枚開けて、寝間着のまま狭い庭へ下りた。それから誰を呼ぶともなく「ちょいと出てごらん。好《い》い月だから。」と声をかけた。信子は独り彼の後から、沓《くつ》脱ぎの庭下駄《にわげた》へ足を下ろした。足袋を脱いだ彼女の足には、冷たい露の感じがあった。

心情の伏線に注目！

さあ、どうですか。なんかちょっとヤバそうな雰囲気ですねえ（笑）。だっていま、夜だよ。しかも俊吉は新婚です。ところが、「ちょっときてごらん」と言って、出てきたのが信子一人。彼女、かつての恋人なんですよ。それが夜、二人きりで一緒にいる。で、第六・第七段落です。

> 月は庭の隅にある、痩《や》せがれた檜《ひのき》の梢《こずえ》にあった。従兄はその檜の下に立って、うす明るい夜空を眺めていた。……
> 暫《しばら》く沈黙が続いた後、俊吉は静かに眼を返して、「鶏小屋へ行って見ようか。」と言った。

この鶏小屋になぜ行って見ようと思ったのか、さっき読むときにちょっと説明を飛ばしてしまったんですけれどね、**実は伏線があるん**です。一六四ページに戻ってごらん。次のところです。

「間もなく信子は、妹夫婦と一しょに、晩飯の食卓を囲むことになった。照子の説明するところによると、膳《ぜん》に上《のぼ》った玉子はみな、家の鶏が産んだものであった。俊吉は信子に葡萄酒《ぶどうしゅ》をすすめながら、『人間の生活は掠奪《りゃくだつ》で持っているんだね。小はこの玉子から――』なぞと社会主義じみた理屈を並べたりした」

こう言っていますね。俊吉は玉子が好きなんですけれど、それは言ってみれば人間が略奪したものでしょ。鶏《にわとり》が一生懸命、自分の子どもを産もうと思っている、その玉子を食べて人間は生きているんです。

考えてみれば、人間というのはひどいもんだ。鶏小屋へ行ったら分かりますけれど、狭いところで、ぎゅうぎゅう詰めで、運動もできなくて、ひたすら餌《えさ》だけ与えられて、食べる。そして、ほんとに鶏が痛いかどうかは分かりませんけれど、たぶん痛い思いをして、懸命になって自分の子どもを産んだら、全部人間に食べられてしまうんです。

そこで、心情をつかまえていきますと、はい、次のところに線を引っぱりましょう。

「その癖ここにいる三人の中《うち》で、一番玉子に愛着のあるのは俊吉自身に違いなかった。

照子はそれが可笑《おか》しいと言って、子供のような笑い声を立てた。信子はこういう食卓の空気にも、遠い松林の中にある、寂しい茶の間の暮れ方を思い出さずにはいられなかった」

分かりますか。つまり、俊吉と照子というのは、新婚で非常に幸せそうなんです。普通、お姉さんが、妹の新婚生活を初めて見に来たんだから、安心するはずでしょ。ところが信子はそうじゃないんです。自分の茶の間の暮れ方を考えてる。

寂しいんだね。後の方で分かるんですが、信子も結婚していて、その相手とうまくいってないんですよ。好きだった俊吉と結婚しなかったでしょ。自分のかつてのその恋人は妹と結婚した。で、自分はどうなのかといったら、非常に寂しい毎日を送っている。

こういった信子の心情をつかまえておくんだよ。で、さっきのところに戻りますが、「鶏小屋へ行って見ようか」と言った俊吉の言葉には、今の夕食どきの冗談が伏線としてある。だから、略奪されているかわいそうな鶏を一緒に見に行こうじゃないか、こう言ったことになるんでしょ。で、次だよ。

信子は黙って頷《うなず》いた。鶏小屋はちょうど檜とは反対の庭の隅にあった。二人は肩を並べながら、ゆっくりそこまで歩いて行った。……「寝ている。」と彼女に囁《ささや》いた。「ⓑ玉子を人に取られた鶏が。」――信子は草の中に佇《たたず》んだまま、そう考えずにはいられなかった。……

問三　傍線部ⓑ「玉子を人に取られた鶏が。」と信子が考えずにはいられなかったのはなぜか。その説明として、最も適当なものを、次の①～⑤のうちから一つ選べ。

はい、傍線ⓑの問題、いきましょう。この**問三**の設問は一番大事じゃないかなと思います。「玉子を人に取られた鶏が」と信子が考えずにいられなかったのはなぜか――何を聞いてるの？　このときの**信子の心情**ですね。でも、どんな心情かということは、本文中にはまったく説明されてないでしょ。

まあ、選択肢を検討してみましょう。

①、②、③はいいね。これは論外です。ひとことで言えば**「無関係」**なんです。本文に一

切書いてません。例えば、①のように、「以前から俊吉は自分に対して淡泊」であったとか、あるいは②のように「玉子に対しては関心を持ってなかった」とか、あるいは③「鶏が玉子を取られているのに無心で寝ていてバカだ」とかね、こんなことは一切書いてないでしょ。

残ったのは④と⑤、**二つ残ったら比べなさい**。

読解の基本ルール5

選択肢が二つ残ったら、相違点を見比べて本文で決定する。

どう違うの？　④の選択肢の真ん中へんを見ると、「妹に俊吉を譲ったことが今は後悔され、俊吉を妹に取られた」。⑤はどうかといったら、「今は自分が俊吉を横取りした」——まったく逆さまなんですよ。

④の信子の心情は、**妹に俊吉を取られた後悔の気持ち**です。⑤は、逆に**自分が取ったという後ろめたさ**です。まったく正反対。どっちが正しいのか？　なんとなく④を選んだ人は結構多いと思います。じゃ、なぜ⑤じゃダメなの。あるいは⑤を選んだ人は、なぜ⑤を選んだの。どちらも自分がなぜそれを選んだのかを思い返してください。

⑤を選んだ理由を言いましょうか。この前段で、俊吉と信子が二人きりで歩いているんです。

「鶏小屋はちょうど檜とは反対の庭の隅にあった。二人は肩を並べながら、ゆっくりそこまで歩いて行った」

この瞬間、無意識に「あ、不倫だ」と思ったんでしょ（笑）。その頭、その感覚で読んだから、信子は自分が今、俊吉を取っているような気持ちがして「あ、後ろめたいんだ」と、こう自然に思ってしまうわけ。これが、⑤を選んだ理由でしょう。

あるいは、傍線ⓑの前の「寝ている」と彼女に囁《ささや》いた——ここから⑤を選んだ人がいるかもしれない。「寝ている」といえば、今、妹の照子の方が寝ているんでしょう。となったらば、この鶏は妹のことなんだ、しかも妹から俊吉を取った後ろめたさが信子にはあるはずだ。そこで⑤を選んだ人もいると思います。

じゃ、なぜそれがダメかといったら、そもそも**この傍線部だけで判断したことが間違い。その解き方が間違っている**んです。

“心情の文脈”をつかもう！

傍線部だけを根拠にするのだったら、どっちにも解釈できるんです。まず、どちらの解釈でも玉子というのは俊吉のことです。そして、鶏を照子と重ねて考えれば、いま言ったように、俊吉を取ったのは信子ということになり（⑤）、“鶏＝信子”と考えれば、自分は照子に俊吉を取られた、あの鶏はかわいそうに自分と同じだ、大事なものを人に取られて、となって、④になっていくんです。

だから、**鶏を妹ととるか、自分ととるかで答えは⑤と④、まったく正反対のことになっていく。**

結局、**傍線部だけで判断しては絶対にいけない**ということです。**この信子の心情は、この先も特別な出来事でも起きない限り連続していく**んです。だったら、**無理にここで決めることはない。**

つまり、今の信子の心情は、自分が俊吉を照子から取ったという思いなのか、取られたという思いなのか、あわてててここで決定しないで、**その後の心情を追いかけていく**んです。絶対、ここで**主観的感覚でいい加減にやらない**こと。

そして、第八段落。

> 二人が庭から帰って来ると、照子は夫の机の前に、ぼんやり電灯を眺めていた。青い横ばいがたった一つ、笠《かさ》に這《は》っている電灯を。

照子は寝てないんですよ。それどころか、一緒に庭にも行かなかった。あえてたった一人、しかもわざわざ夫の机の前で、いつまでも電灯を見ていたんです。だから、**照子の心情も穏《おだ》やかじゃない**んですよ。今、こうしているときに、夫とかつて恋人同士だったお姉さんが二人きりでいる、と思いながら、寝ないでじっと電灯を見ていたんです。

次へ進みます。最後の文に線を引っぱろう。

> 翌朝俊吉は一張羅の背広を着て、食後そうそう玄関へ行った。何でも亡友の一周忌の墓参をするのだとかいうことであった。……
> 照子は夫を送り出すと、姉を長火鉢の向こうに招じて、まめまめしく茶をす

すめなどした。隣の奥さんの話、訪問記者の話、それから俊吉と見に行ったある外国の歌劇団の話、――その外愉快なるべき話題が、彼女にはまだいろいろあるらしかった。が、信子の心は沈んでいた。

信子の心情は穏やかじゃないよ。照子も普通じゃない。だってね、その前の晩、夫の机を前にして、屈《くっ》した思いでじっと一晩中電灯を眺《なが》めていたくらいなんです。それが今、信子と二人になったら、不自然なほど一生懸命しゃべっているんです。そして、

「信子の心は沈んでいた」

ここが信子の心情。自分が俊吉を奪った後ろめたさから沈んでいるのか、取られたという思いから沈んでいるのか、どっちかはまだ分からない。次、最後の二文に線を引っぱろう。

彼女はふと気がつくと、いつも好い加減な返事ばかりしている彼女自身がそこにあった。……

……「俊さんはなかなか帰りそうもないわね。」と言った。照子も姉の言葉

につれて、ちょいと時計を仰いだが、これは存外冷淡に、「まだ――」とだけしか答えなかった。信子にはその言葉の中に、夫の愛に飽き足りている新妻の心があるような気がした。そう思うといよいよ彼女の気もちは、憂鬱に傾かずにはいられなかった。

ここで見えてきたでしょう。**照子は幸せ**なんです。信子は、照子の言葉から夫の愛に飽《あ》き足りている新妻の心を読み取った。妹の新婚生活を初めて見に来て、妹が幸せそうだったら、普通なら喜ぶか安心するでしょ。ところが、**それを見てますます憂鬱になってる**んだ。

もし自分が妹から俊吉を奪ったという思いがあったら、妹の言葉から、夫の愛に飽き足りた気持ちを読み取りますか、憂鬱になりますか。そんなはずはないですね。ここはその逆でしょう。**取られたという思い**でしょう。さらに次、第十二段落を見ていきましょうか。二か所に線を引っぱっておいて。

「照さんは幸福ね。」――信子は顎《あご》を半襟に埋《うず》めながら、冗談のようにこう言った。が、自然とそこへ忍びこんだ、真面目な羨望の調子だけは、どうすることもできなかった。照子はしかし無邪気らしく、やはり活《い》き活《い》きと微笑しながら、「ⓒ覚えていらっしゃい。」と睨《にら》む真似《まね》をした。それからすぐにまた「お姉様だって幸福の癖に。」と、甘えるようにつけ加えた。そのことばがぴしりと信子を打った。

「真面目な羨望の調子だけはどうすることもできなかった」

もう決定的です。**羨望、うらやましい**んです。もし昨晩、自分が俊吉を取ったと思うならば、うらやむ必要はないでしょう。取られたんです。妹に俊吉を取られたんですよ。で、自分は今、**寂しい。幸せでない。**

結婚したけれども、好きな人と結婚できなかったから、寂しいんです。妹の新婚生活を見にいったら、妹は幸せそうで、愛に満ち足りている。それを見て憂鬱になっているわけです。

この段階でハッキリ答えが出た。そこで、前に戻って**問三**の問題で⑤「自分が今、俊吉を横取りした」を選ぶと、その後の心情と矛盾してしまうんです。だから**答えは④**と決まる。

答えを出すにあたっては、このように明確な根拠を探さないとダメ。自分が俊吉を妹に譲ったくせに、今になって妹の幸せそうな様子を見ると、憂鬱になり、なおかつ羨望の念をもってしまうんですよ。こうやって**主人公の心情をきちんと分析していきます。**

次ですよ、はい、先ほど線を引っぱった二つ目のところを見てください。照子が甘えるように「お姉様だって幸福の癖に」と言った。すると、その言葉によって信子は傷つくんです。幸せでないんだもんね。しかもその妹に恋人を取られたんだから。

さあ、この後、心情はどんどん変化していきますけれど、とりあえず**問四**にいきましょうか。

問四　傍線部ⓒ「覚えていらっしゃい。」という妹のことばは、波線部「照さんは幸福ね。」という姉のことばをどのように受け取ったところから出たと思われるか。最も適当なものを、次の①～⑤のうちから一つ選べ。

傍線部ⓒ「『覚えていらっしゃい』という妹のことば」の**裏にある心情**をつかまえないといけない。さらに、**「照さんは幸福ね」という姉の言葉をどのように受け取ったのか**、聞いていきます。

そこでもう一回本文に戻りますと、「照さんは幸福ね」――こう言ったときの信子はどんな心情？ **これは自分で考えるんじゃない。本文から押さえる**んだよ。すると、このすぐ後に**「羨望の調子」**とあります。羨《うらやま》しくて言ったんでしょ。あるいは**嫉妬**《しっと》が少し入っているかもしれない。

で、次だよ。それに対して照子の心情は？ はい、傍線ⓒの前後を見ると、ⓒの前に**「無邪《むじゃ》気《き》」**とあるんです。これをチェックする。

分かりますか。無邪気なんだよ。だから、「照さんは幸福ね」という言葉を、お姉さんが自分たちの幸せを喜んでくれているものと無邪気に言葉通り受け取って、さらに傍線ⓒの後にあるように**「甘える」**んです。分かりますね。**二人の心情が微妙に食い違っている**んだ。

信子は照子の幸せを喜んでいるんじゃないんです。憂鬱で、なおかつ羨ましくて、それで「照さんは幸福ね」と言った。ところが妹のほうは、そういった姉の気持ちが分からずに、無邪気にそのまま取っているんです。で、甘えてみせたんです。いいですね。

はい、そこで選択肢を検討します。まず選択肢を**姉の心情に着目して見ていきます**と、「姉は冗談めかして……」――ここまでは全部の選択肢が共通ですから、この後を見ます。

① 「自分が不幸せであるということを伝えようとしている、と受け取った」――ダメだね。

無邪気に言葉通りに受け取ったんだから。でなかったら「無邪気」という言葉は使わない。あるいは不幸せであるということを伝えようとしていると受け取ったのだったら、照子は甘えないはずです。

②「自分が妹のために犠牲となったことを責めている」――「責めている」がダメ。「無邪気」とか「甘える」という心情とつながってない。

あるいは③「妹が自分と同じように不幸せになることを望んでいる」――これも「無邪気」、「甘える」と矛盾します。

④「妹の幸せを羨望する気持ちを隠そうとしている」――これからも照子の「無邪気」という表現は出てこないはず。

そこで、**「無邪気」とか「甘える」と素直につながってくるのは、⑤の「妹の幸せを素直な気持ちで喜んでくれている」**しかない。分かった？　だから、**答えは⑤**。

はい、次いきましょう。

ところがだよ、照子は甘えようとして、つい調子にのってしまった。「お姉様だって幸福の癖に」と言ってしまったんです。そして、次の段落。

彼女は心もち瞼《まぶた》を上げて、「そう思って？」と問い返した。問い返して、すぐに(A)後悔した。照子は一瞬間妙な顔をして、姉と眼を見合わせた。その顔にもまた蔽《おお》い難い(B)後悔の色が動いていた。信子は強いて微笑した。――「そう思われるだけでも幸福ね。」

はい、傍線(A)。この後悔はどんな後悔？　信子の心情です。**問い返したことの後悔**でしょ。問い返して、「あ、こんなこと、言わなきゃよかった」と思った。つまり、「そう思って？」というのは、「あなたは本当に私が幸せだと思っているのか、好きな人と結婚できなかったのに」ということでしょ。つまり、信子は自分が不幸せだということを暗にほのめかしたことになるんだよ。

次、照子は一瞬妙な顔をした。一瞬きょとんとして、わけが分からなかった。で、次の瞬間、信子の本当の気持ちが分かったんです。だから、

「照子は一瞬間妙な顔をして、姉と眼を見合わせた。その顔にもまた蔽《おお》い難い(B)後悔の色が動いていた」

この(B)の後悔の気持ちはどう？　「お姉様だって幸福の癖に」と言ったことを後悔したのでしょう。あんなこと言わなきゃよかった。姉を傷つけてしまった。こういった思いだね。

はい、そこで**問五**の選択肢を見ていこう。

問五　傍線部(A)・(B)の「後悔」の説明として、最も適当なものを、次の①～⑤のうちから一つ選べ。

②から。まず信子のほうについての記述ですけれども、「信子は、妹が甘えるように言ったことばに鋭く反問して、二人の仲を気まずくしたことを後悔した」――で、信子が後悔したのは、「そう思って？」という言葉を発したことであって、気まずくなったことを後悔したんじゃない。まだこの段階では、気まずくなってないんです。こう言った後で、気まずくなったわけでしょ。だから、違う。

③「信子は妹の幸福な結婚生活を見て、妹のために身をひいたことを後悔」――これがダメだよね。こんなことは書いてない。妹のために身を引いたなんて書いてない。それを後悔したとも書いてないよ。あるいはその後、「照子は姉の犠牲の上に自分の幸福が築かれている」

――こんなことも書いてない。

⑤「信子は妹が幸福な結婚に満足して、俊吉を譲った自分をいたわりもしないことに対して反問の形で詰問した」――そんなことも書いてない。後のほうの、「照子は強引に姉を押しのけて結婚したことを後悔」――これも、そうじゃない。「お姉様だって幸福の癖に」と言ったことを後悔したんであって、強引に結婚したことを後悔したとは書いてない。

となれば、①か④なんです。残ったこの二つの選択肢から一つ選ぶのはちょっと微妙です。

①「信子は妹の幸福な結婚生活をうらやみ、動揺する自分の本音を思わずもらしたことを後悔した」――これはもう文句なし。〇。次に④の信子の心情を見てみますと、「信子は妹に俊吉を譲ったのだから幸福であるはずがない、という気持ちをほのめかしたことを後悔」――「本当に幸福と思って？」と前に信子は言っているんだから、④も〇。

信子の心情としては、**①も④もどちらも正しいですから、照子の心情で判断するしかありません**。じゃ、次に照子の心情が説明してある後半部分を見てみますと、①は、「照子はなにげない自分のことばが発端となって、仲のよい二人の間に暗い対立を引き起こしたことを後悔している」。対立を起こしたことを後悔している。

④はどう？「照子は幸福な結婚生活に満足して、姉を傷つけるような不用意な発言をした

ことを後悔している」とある。

「二つ残ったら比べなさい」、といつも言っていますよね。**一方を単独で見るから合っている気がする**んです。**①と④の後半を比べてごらん。**①は、**「二人の間に対立をもたらしたこと」への後悔。**④は、**「姉を傷つける不用意な発言をしたこと」への後悔。**どっちがより適切ですか？「お姉様だって幸せな癖に」と言ったことを後悔したんでしょ。

本文をもう一度見てください。

「彼女は心もち瞼《まぶた》を上げて、『そう思って？』と問い返した。問い返して、すぐに(A)後悔した。照子は一瞬間妙な顔をして、姉と眼を見合わせた。その顔にもまた蔽《おお》い難い(B)後悔の色が動いていた。信子は強いて微笑した。――『そう思われるだけでも幸福ね。』」

こう言っているんだから、まだこの時点で**二人は対立してない**んです。この段階では、単にお姉さんを傷つける発言をしたことへの後悔があるだけで、気まずい空気にはなったけれども、まだ対立はしていないんです。分かりますか。

と考えたならば、①よりも④のほうがより適当なんだ。**答えは④**です。

じゃあ、二人はどこで対立するのか？　第十四・十五段落を見ます。

二人の間には沈黙が来た。彼らは柱時計の時を刻む下に、長火鉢の鉄瓶がたぎる音を聞くともなく聞き澄ませていた。

「でもお兄様はお優しくはなくって？」――やがて照子は小さな声で、恐る恐るこう尋ねた。その声の中には明らかに、気の毒そうな響きが籠《こも》っていた。が、この場合信子の心は、何よりも憐憫《れんびん》を反発した。ⓓ彼女は新聞を膝《ひざ》の上へのせて、それに眼を落としたなり、わざと何とも答えなかった。新聞には大阪と同じように、米価問題が掲げてあった。

まず初めの三行のところを見てみると、ここでもまだ対立してないよ。まだ照子は、信子を慰《なぐさ》めようと思っているわけでしょ。照子は信子を慰めようと思って、「お兄様はお優しくはなくって？」と言った。

「その声の中には明らかに、気の毒そうな響きが籠っていた」

ところが、次だよ。これが逆効果だったんです。次に信子の心情があります。チェックしよう。

「が、この場合信子の心は、何よりも憐憫を反発した」ここですね。つまり、信子は照子が自分を憐《あわ》れんでいると思い、カチンときて、反発したんです。で、次。

「ⓓ彼女は新聞を膝《ひざ》の上へのせて、それに眼を落としたなり、わざと何とも答えなかった」わざと無視して、黙ったんですよ。ここから対立が起こってくる。

さあ、そしたら傍線のⓓ、**設問をきちんと読みなさい**。

> **問六**　傍線部ⓓ「彼女は新聞を膝の上へのせて、それに眼を落としたなり、わざと何とも答えなかった。」とあるが、ここには信子のどのような人柄が現れているか。最も適当なものを、次の①～⑤のうちから一つ選べ。

単に本文全体から察して、信子はどんな人物かと聞いているんじゃない。設問をもう一度読んでみますと、

「傍線部ⓓ『彼女は新聞を膝の上へのせて、それに眼を落としたなり、わざと何とも答

えなかった。』とあるが、ここには信子のどのような人柄が現れているか」いい？　つまり、**傍線部ⓓの信子の行為からその人柄を推測せよ**ということ。**決して自分で判断しない。まず前後を見る。**すると、傍線部の直前、**「憐憫を反発した」**。同情されることに反発して、わざと黙って無視したんでしょ。**ここからうかがわれる信子の人柄はどういうものか**ってことでしょ。

じゃあ、選択肢を見ていくよ。①「姉として穏やかな態度で接し」——これは、もうダメ。穏やかじゃないよね。その後の「妹のことばにこだわらない」——なんてまったくダメ。

②「姉として同情されることにこだわらず」——逆。憐憫に反発したんだから。

⑤「姉として妹に反発する心をあらわにしない気配り」——あらわにしているじゃない。わざと黙っているわけだから。それに、「冷淡《れいたん》な人柄」は**イイスギ**ています。これだけで冷淡とまでは言えない。逆に言えば、カーッとなってるのだから「熱い人柄」かもしれない。

となれば、③か④。どっちがよりいいかです。④は「気むずかしい人柄」とあります。間違いとは言えないけれども、はたして、本文から気むずかしいと言い切れるかどうか。

③はどう？「自尊心」、「妹の同情に反発する心」、「勝ち気な人柄」——「憐憫に反発し、

わざと黙っている」という本文の内容から判断すれば、単に気むずかしい人柄というよりも、同情に反発する、そしてそれをあからさまに見せないというのは勝ち気な性格と考えられる。とすれば、**③のほうが④よりもより適切**なんだ。だから、**答えは③**。

さあ、**ここから先、めまぐるしく心情が変わっていきます。それについていけるかどうか。**最初は、照子はお姉さんってかわいそうだと同情した。それに対して信子は、カチンときて、反発した。わざと黙っていた。そうするとね、次。

> その内に静かな茶の間の中には、かすかに人の泣くけはいが聞こえ出した。信子は新聞から眼を離して、袂《たもと》を顔に当てた妹を長火鉢の向こうに見出《みいだ》した。「ⓔ泣かなくったって好いのよ。」——照子は姉にそう慰められても、容易に泣き止もうとはしなかった。

ついにね、照子が泣き始めたんですよ。そして、今度は信子が慰めたね。じゃ、どんな心情かといったら、この言葉をセリフ通り素直に受け取ったら間違うよ。**言葉と気持ちというのは、裏腹の場合が多い**んだよ。だから、**この傍線部だけで判断しない。この前後の心情とつな**

げてやらないといけません。

次を読んで、**信子の心情**をチェックしよう。

信子は残酷な喜びを感じながら、暫くは妹の震える肩へ無言の視線を注いでいた。それから女中の耳を憚《はばか》るように、照子の方へ顔をやりながら、「悪かったら、私があやまるわ。私は照さんさえ幸福なら、何よりありがたいと思っているの。ほんとうよ。俊さんが照さんを愛していてくれれば――」と、低い声で言い続けた。

「残酷《ざんこく》な喜び」ですよ。ちっとも同情していない。いよいよこの場面のクライマックスです。信子は口では「泣かなくていいのよ、照さんさえ幸せだったら、私はそれでいいのよ」と優しい言葉をかけ続ける。ところが、心は反対。喜んでいるんですよ。「もっと泣け、もっと苦しめ」、とこう思ってるんだね。人間ってこういうところがありますよねぇ。

例えばね、どうかな、まあ、君たちに起こりがちな例をあげますと、あるとき、友だちが自分に好きな子がいると告白したとしよう。ところが、実は自分もその女の子が好きだった。そこで、心の中では失敗すればいいと思いながらも、その気持ちを隠《かく》して、「おい、頑張れよ」と励《はげ》ました。

その友達が、女の子に自分の気持ちを告白した。ところが、ふられて泣いている。そのときに慰《なぐさ》める気持ち。一生懸命優しい言葉で、「おい、元気出せ」と言いながら、心の中では「ざまあみろ、やったぞ。次、おれがいこう」と思っているかもしれないね（笑）。

この場合、信子はこういった気持ちに近いかもしれません。だから、**表面では「泣かなくていいのよ、あなたさえ幸せだったら、それでいいのよ」と言いながら、心の中では喜んでいる。**もっと苦しめと。これが信子の心情。

ところが、面白いのは次なんです。

> 言い続ける内に、彼女の声も、彼女自身の言葉に動かされて、だんだん感傷的になり始めた。

分かりますか。こういうことってあるでしょ。つまりね、最初は心の中ではもっと苦しめと思っているんです。自分を不幸にしたんだ、もっと苦しんだらいいと思っているんでしょ。とところが、「照さんさえ幸福だったらそれでいいのよ」って、泣いている妹を一生懸命慰めているうちに、**自分の言葉に酔っていく**んですよ。

本当はそうじゃなかったのに、そういう気持ちではなかったのに、そのうち感傷的になって、気持ちが高ぶってきて、自分の言葉に酔って、本当に自分がそう思っている気になっていくんですよ。

ところが、その感傷的な思いが、次にあっという間に崩れていくんです。さあ次、見てくださいね。これを見ても分かるとおり、芥川は非常に**女性の心理描写がうまい**ですね。

> するど突然照子は袖《そで》を落として、涙に濡れている顔を挙げた。彼女の眼の中には、意外なことに、悲しみも怒りも見えなかった。が、ただ、抑え切れない、ⓕ嫉妬《しっと》の情が、燃えるように瞳《ひとみ》を火照らせていた。「じゃお姉様は――お姉様はなぜ昨夜《ゆうべ》も――」照子は皆《みな》まで言わない内に、また顔を袖に埋めて、発作的に烈《はげ》しく泣き始めた。……

分かりますか。つまりね、照子の気持ちというのは、実は昨晩俊吉と信子が二人きりで歩いている間じゅう寝ないで、夫の机の前でじっと電灯を見ていた、**あのときから嫉妬が続いているんですよ。その嫉妬の情をずっと隠し、隠し、抑えて、努めて明るい振りをしていた**んです。これが実は照子の気持ちだった。

ところが、姉の「照さんさえ幸福だったらそれでいい」という言葉で、ついに自分の嫉妬の情を抑えきれなくなったんです。本当にそう思っているなら、なぜ昨晩あんなことをしたの……って、妹は発作的に泣くわけですね。

で、**この妹の本当の気持ちが分かった瞬間、信子は一瞬にして感傷的な気持ちがどこかに消え、醒《さ》めてしまう**んです。これが信子の心情ということです。

> **問七**　傍線部ⓔ「泣かなくったって好いのよ。」と、傍線部ⓕ「嫉妬の情」との説明として、最も適当なものを、次の①～⑤のうちから一つ選べ。

まず②。後半の傍線ⓕの説明を考えましょう。「妹は自分が姉よりも常に弱い立場に立たされている」――これはおかしい。だって傍線ⓔの時点での照子の心情を追っていくと、**「憐憫の情」**、つまり姉を憐れんでいるんだよ。だったらば、「常に弱い」がおかしい。「常に」じゃないじゃない。その前は、優越感にひたって憐れんでいるんだから。これは、**イイスギ**。③「泣かなくて好いのよ」というのは、「残酷な喜び」から出た言葉と考えれば、③の前半、「姉が妹にすまないと思い」――がもうダメ。このほか、「一歩退いて」なんていうのもダメ。

あるいは④。傍線ⓔは「姉が、泣き始めた妹をたしなめようとする」――「たしなめよう」もダメ。「残酷な喜び」と**心情が連続しない**。

⑤「傍線ⓔは、姉が、かわいそうな妹をやさしく慰めようとする」――これがダメ。「慰める」んじゃない「残酷な喜び」を感じているんでしょ。後半のⓕは「妹が、自分は姉のりっぱな人柄には及ばない」――これも論外だよね。

となれば、①。ⓔは「姉が、妹より優位な立場に立った心情を、いたわりの気持ちに託して出した」――**「残酷な喜び」にいちばん近いのは、この①です**。さらに、ⓕ「嫉妬の情」の説明にいちばん近いのは、**「妹が、自分も姉も女として対等」――同じ女として一人の男を取り合っている**んでしょ。となれば、**①しか残らない**。

では、第十七・十八段落へいきます。

二三時間の後、信子は電車の終点に急ぐべく、幌俥《ほろぐるま》の上に揺られていた。……もしその中に一つでも動かないものがあれば、それは薄雲を漂わせた、冷やかな秋の空だけであった。彼女の心は静かであった。が、その静かさを支配するものは、寂しい諦めに外ならなかった。

“「風景描写」＝「心情」”

その二、三時間後に信子は帰っていくんですけれどね。ここで**風景描写**が登場します。この回の最初で説明しましたけど、

“心情と風景描写は一致することが小説の原則”

だったね。

線を引っぱっておきましたが、

「冷ややかな秋の空だけであった」
「彼女の心は静かであった」

ここに**信子の最後の心情**が出ているわけです。

じゃ、その**「静か」**というのはどんな静かさか。いろいろな静かさがあるよね。澄《す》み切った気持ちも静かだろうけど、ここではそうじゃないんだね。次に線を引っぱってあるところ。

「が、その静かさを支配するものは、寂しい諦めに外ならなかった」

「寂しい諦め」なんですよ。これが**「静かさ」の中身**です。

先へ進んで、次の最後の文に線を引っぱりましょう。これが**「寂しい諦め」の具体的な内容**ということになります。

照子の発作が終わった後、和解は新しい涙と共に、容易《たやす》く二人を元の通り仲の好い姉妹に返していた。しかし事実は事実として、今でも信子の心を離れなかった。彼女は従兄の帰りも待たず、この俥上《しゃじょう》に身を託した時、既に妹とは永久に他人になったような心もちが、意地悪く彼女の胸の中に氷を張らせていたのであった。——

分かりますか。ここでも、信子が**口で言うことやその動作と心はまったく逆**なんです。妹は、嫉妬に燃え狂い、ついにそれを抑えきれなくなって、感情的になって泣いた。たぶん一生懸命、信子はそれを慰めたんです。で、照子は泣き止んで、お互いに抱き合ったんですね。お互いに「ごめんね、仲の好い姉妹でずっといようね」とでも言って誓い合ったんです。表面ではそのように装《よそお》いながらしかし、信子の心は逆なんです。「妹なんて永久に他人だ、今後は妹とも思わない」、と冷たい気持ちのままこの家を出ていくんですよ。これが**「寂しい諦め」の内容**なんです。で、その後人力車の中から俊吉を見かけるけれども、あえて声をかけないんです。本文の続きを見てみましょう。

信子はふと眼を挙げた。その時セルロイドの窓の中には、ごみごみした町を歩いて来る、杖《つえ》を抱えた従兄の姿が見えた。彼女の心は動揺した。……
「俊さん。」——そう言う声が一瞬間、信子の唇から洩《も》れようとした。実際俊吉はその時もう、彼女の俥のすぐ側に、見慣れた姿を現していた。が、彼女はまたためらった。その暇に何も知らない彼は、とうとうこの幌俥とすれ違った。薄濁った空、疎《まば》らな屋並、高い木々の黄ばんだ梢、――後には相変わらず人通りの少ない場末の町があるばかりであった。

「秋――」

信子はうすら寒い幌の下に、全身で寂しさを感じながら、しみじみこう思わずにはいられなかった。

で、いちばん最後のところです。**問八**が残っているね。

問八 この小説の終末部には、「秋」という季節が重要な背景として描かれている。そのことは主人公信子の心情とどのようなかかわりがあると思われるか。その説明として、最も適当なものを、次の①～⑤のうちから一つ選べ。

といったらもういいね。**心情と秋という季節の風景描写は重なっているん**です。と考えれば、はい、①の最後を見てください。「対比的に描かれる」がまったくダメ。

あとの選択肢は全部、心情と季節との関係は問題ないんです。そこで、この**終末部における信子の心情**はどういうものか、ひとことで言うと、「妹とは永久に他人だ」という気持ちでしょう。そういう「寂しい諦め」。

と考えて、③の真ん中へんを見てもらいますと、「妹との葛藤が終わって和解が新しい涙と共に二人を」、その次、「仲のよい姉妹に返した後のさわやかな静けさ」――がダメ。「寂しい諦め」でしょ。「さわやか」じゃないよね。

④、これも後半がよくない。「結局声を掛けられなかった後のむなしさ」――この場合の「寂しい諦め」というのは、俊吉に声をかけられなかったことのむなしさではないでしょ。

⑤も最後のところ、「日常の中に帰らなければならないという信子の心情」――がダメ。

残ったのは②。その後半、「俊吉とのわずかなつながりも切れ、妹のための自己犠牲という美しい感傷も破れた信子」――これが**「寂しい諦め」**でしょ。それと、**秋という季節とをうまく重ねている。**となれば、**答えは②**です。いいですね。

解答 ＊問題4

問一 ③　問二 (ア)―① (イ)―② (ウ)―④
問三 ④　問四 ⑤　問五 ④
問六 ③　問七 ①　問八 ②

たいていの受験生は「自分の受けるところは小説が出ない」と思って、つい、いい加減にやってしまうんだけど、例えば**随筆を正しく解こうと思えば、小説を使って心情を客観的につかまえる訓練が絶対に要る**んです。だから二重三重にも小説が大事。**小説が分かればエッセイが分かります。**

そういったことを頭に置いて、次からの問題を解いていきましょう。

第5回 随筆の読解法

講義の焦点《フォーカス》

- 随筆問題の解法 〝筆者の心情をつかむ〟
- 「詩」を含む問題の解法
- 〝抜き出して変形する〟問題の解法

今回のテーマは**随筆**です。

一般的には、評論の問題を解いて、それから随筆の問題を解いて、最後に小説にもっていくというパターンが多いと思いますけれども、僕はあえてこういう構成のしかたは取りません。まず評論の解き方をきちんとやる。次に小説の解き方をすませて、最後に随筆をやります。なぜかといいますと、**評論と小説の両方の解き方がきちんと分かっていないと、随筆は正確にとらえることができない**からなんです。

評論・小説と随筆の違い

では、**随筆、エッセイとは何かといったら、これは「筆者の心情、自分の思いを述べた文章」**です。ということは、君たちは筆者の心情をつかまえていけばいいんです。**筆者の心情をつかまえるというのは随筆だけ**です。評論は、「筆者の思想」を、論理を追うことによってつかまえる。小説は「登場人物の心情」をつかまえる。それに対してエッセイは「筆者の心情」をつかまえます。

(1) 評　論……「筆者の思想」をつかむ。
(2) 小　説……「登場人物の心情」をつかむ。
(3) 随　筆……「筆者の心情」をつかむ。

端的に言えばこういうことですが、もう少し説明を加えましょう。例えば、評論とエッセイの根本的な違いは何かといいますと、もちろん文体も違いますけれども、仮に『徒然草』について書いた文章でも、評論『徒然草』と随筆『徒然草』では、その内容が大きく異なってきます。

まず、『徒然草』とはどんな作品かということを**客観的**に述べたものが**評論**です。そこには筆者の主観はいっさい入ってこない。客観的に『徒然草』とはどんな作品かということを証拠をあげて論じるんです。

それに対してエッセイの『徒然草』は、**筆者の主観**がいちばん大事になってきます。例えば、「私にとっての『徒然草』」といったら、これは論文とは言えないんです。エッセイなんですよ。あるいは、「『徒然草』の好きな箇所」とか、「私と『徒然草』とのかかわり方、その思い出」となってくると、これはエッセイなんです。ということは、問題を解く際にも、『徒然草』という対象に対する**筆者の気持ち**を追っていかなければダメです。だから**心情をつかまえていく**ことになる。

随筆の解き方

ところが随筆の場合、よく考えたら実に怖いことがあります。つかまえるのは筆者の心情、気持ちなんですよ。ということは、**小説の解き方に近い**んです。基本的に、他人の気持ちはわれわれは絶対理解できない。どうしても**自分の気持ちから筆者の気持ちを推測して、分かった気になっているだけ。**だから、小説は怖いと言ったでしょう。同じことがエッセイにも言えるんです。

おまけに、随筆を読むとき、心情をつかまえるという意識が、受験生にはないんです。だから、評論よりもちょっと分かりやすい文章だとか、読みやすい文章だ、という印象のもとに安易にやってしまって、結局は主観を入れてしまい、分かったような気がするだけで、現実には全然点が取れないことになってしまうわけです。だから、エッセイはかえって怖い。

ですから、**心情を問うということに関しては、小説と同じ解き方をしなさい。**傍線部の心情をそこだけで判断しない。**前後の筆者の心情を連続してつかまえていく。客観的に押さえていく。**あるいは、風景描写、文体などに対する考え方も小説と同じ。そういうわけで、エッセイを読むときには、**小説の解き方が必要になってくる**んです。

けれども、**小説とまったく同じではない。**一つは、登場人物のではなく、作者の心情をとらえる点が違う。さらに、小説では心情が直截《ちょくせつ》には説明されなかった。動作、セリフによって表現された。それに対して**エッセイは説明してくれる**んです。「私は『枕草子』のこういった点が好きだ。なぜかというと以下のような理由からだ」と説明してくれるんだね。

説明ということは論理ですから、そこに**評論に近い要素がある**わけです。だから**「評論の論理的な展開」と、それから「小説の心情」と、この両方をつかまえる訓練が要る**んです。**その両方があって初めて随筆が解ける**わけです。

そういった点に注意しさえすれば、随筆は評論ほど硬い文章でもなければ、難しい論理展開でもない。小説ほど微妙な心情を問うものでもないし、作者がいろいろ説明してくれる分だけきちんとつかめます。だから、**両方の解き方が分かっていれば、総合練習として随筆は非常にいい**ということ。

それでは、堀辰雄の文学的な文章を読んでいきましょう。まずは、自力で［問題5］をやってみてください。

問題5　堀辰雄『幼年時代』

▼別冊45ページ参照

“引用”としての「詩」

詩となったら途端に難しいと思う人が多いかもしれませんけど、原則として、詩というのは入試では出せないんです。なぜかといったら、詩は読み手によっていろいろな解釈が可能だから。

それが原則なんだけれど、現実には結構、詩が出てくるでしょ。どうしてかというと、実は**引用**としてだったらば出せるんです。つまり、**筆者が言おうとしていることの証拠として引っぱってくる場合**です。となったら、**その詩は君たちが勝手に解釈してはいけない。本文の筆者の解釈に従って押さえていきなさい。**そうすればきちんと解けます。

それでは、本文の最初から見ていきますよ。「非常に……ひそめていた」の部分、線を引っぱりましょう。

私の若い頃《ころ》の友人だった、一詩人が、彼自身もっと若くて、もっと元気のよかったとき、

お前は歌ふな
お前は赤ままの花やとんぼの羽根を歌ふな

と高らかに歌った。その頃、私はその「歌」と題せられた詩の冒頭の二行に妙に心をひかれていた。それは、非常に逞しい意志をもち、しかもその意志の蔭に(1)人一倍に繊細な神経をひそめていた、その独自の詩人が自分自身にも向かって彼の「胸先きを突き上げて来るぎりぎりのところ」を歌ったのにちがいがなかった。

こう言っていますね。

お前は歌ふな
お前は赤ままの花やとんぼの羽根を歌ふな

という詩は、たくましい意志を表現しています。もう「赤まんまの花」のような甘い歌を歌ってはいけないんだと言っているわけですからね。じゃ、なぜ、そこに繊細《せんさい》な神経があるの？といったらば、以下で筆者はそれを論じているはず。そこで、さらに先を見ていきますと、その勇敢な人生の闘士は、そういう路傍に生えて、ともすれば人を幼年時代の幸福な追憶に誘いがちな、それらの可憐《かれん》な小さな花を敢《あ》えて踏みにじって、まっしぐらに彼のめざす厳しい人生に向かって歩いて行こうとしていた。……

ここまでは、**「逞しい意志をもつ」**という表現の説明です。詩人はこれから先、人生の高い目標に向かって歩んでいくんです。となったら、過去を振り返っている暇《ひま》なんかないんですよ。この**「赤まんまの花」**とか**「とんぼの羽根」**というのは、右に線を引っぱってある**「幼年時代の幸福な追憶」の象徴**なんです。

幼い頃の甘い思い出に浸《ひた》っている暇なんかない、振り返っちゃいけないんだ、もうそれは捨てようと言ってね。それは、厳しい人生に立ち向かうたくましい意志を持っているということでしょう。それで、この詩人のいったいどこに繊細な神経が潜《ひそ》んでいるのか、といったらば、いよいよ次の第二段落だよ。

その素朴な詩句は、しかしながら私の裡《うち》に、(2)言いしれず複雑な感動をよび起こした。私はその僅《わず》かな二行の裡にもその詩人の不幸な宿命をいつか見いだしていた。……かえってこれを最後にと赤まんまの花やその他いじらしいものをとり入れているために――そこにパラドクシカルな、悲痛な美しさを生じさせているのにちがいないのだった。

さあ、分かりますか。もちろん「複雑な感動」なのは、一方では「たくましい意志」を持ちつつ、他方では繊細な神経を秘めているからでしょう。それでは、**どこが繊細か？** さらに**「詩人の不幸な宿命」って、いったい何なのか？**

詩人は「赤まんまの花を歌うな」と、過去を捨てようとしました。これから厳しい人生に立ち向かうためには、過去を振り返ってはいけないんだ。ところが、容易に捨てきれないんです。だから、固く決意しないとダメだったんです。

普通の人間だったらば、ことさら決意しなくても、そんなもの最初から振り向きもしない。ところが、この詩人にはそれができない。それぐらい、**こういった小さなものを大切にしてきたんです**。あるいは、**決意してもまだ捨てきれずに、「これを最後に」といった形で、実は「いじらしいもの」を詩の中に取り入れている**んですよ。

だから、この詩人は非常に繊細な神経を隠し持っていたんだ、こう言っているんだね。そして、それが**パラドクシカルな**——「逆説的な」、「矛盾に満ちた」という意味ですが——**悲痛な美しさ**を生じさせたんだ。

今回の問題の多くは抜き出すか、もしくは抜き出して変形するパターンのものです。

問一　傍線部(1)「人一倍に繊細な神経」といっているが、どのような事実にもとづいて「私」はそういっているのであろうか。本文中からその事実を表している部分を二十五字以内で抜き出せ。

"抜き出す"問題

聞いているのは、「その事実を表している部分」だよ。となったら、答えは簡単。

〈解答例・問一〉

赤まんまの花やその他いじらしいものをとり入れている（二五字）

詩の中にそういったものを取り入れているという事実があるでしょ。つづいて、**問二**をやってしまおう。

問二　傍線部(2)「言いしれず複雑な感動」をもたらしたものは何か。本文中から十五字以内で抜き出せ。

特に「複雑な感動」と点々を打っていることに注意。

この詩を読んで、なぜ感動したの、といったら、この詩が美しいからでしょう。美しいから感動した。じゃ、なぜその感動が複雑なのかといったらどう？　複雑な美しさがそこにあったからでしょう。わざわざ複雑と「点々」を打っているんだよ。

この詩には美しさがある。でもその美しさは「パラドクシカルな、矛盾に満ちた美しさ」なんでしょう。一方では**たくましい意志**、一方では**繊細《せんさい》さ**。だからこそ、それを読んで、**その美しさを感じて複雑な感動が呼び起こされた**んでしょう。となれば、

〈解答例・問二〉

パラドクシカルな、悲痛な美しさ（一五字）

ここまでは大したことないよ。次へ行きます。

若《も》しそれらを彼が本当にその詩を書いたのち綺麗《きれい》さっぱりと撥《のぞ》き去ってしまったなら、(3)その詩人はひょっとしたらその詩をきっかけに、だんだん詩なんぞは書かなくなるのではないか、という気が私にされぬでもなかった。

実は、これが先ほどの**「詩人の不幸な宿命」**にかかわっているんです。詩人が詩を書かないというのはいちばん不幸でしょ。もちろんこの詩人はこれからはたくましく、厳しい人生を乗り切り、それを詩にしようと思っている。ところが筆者は、詩なんて書けなくなるんじゃないか。こう思ったんだよね。

問三 傍線部(3)「その詩人はひょっとしたらその詩をきっかけに、だんだん詩なんぞは書かなくなるのではないか」といっているのはなぜか。本文中の語句を用いて二十五字以内で答えよ。

“抜き出して変形する”問題

で、**問三**。なぜそう思ったのか。なぜこの詩人は詩を書けなくなると思ったのか。さ、設問の条件は「文中の語句を用いて」だよ。だったら、文中のどの語句を用いるか、そこで勝負が決まります。まず、**用いるべき語句を本文から抜き出しなさい。**これが鉄則です。はい、そこで、もうちょっと先を見てみましょう。第三段落の「小さなものが」から線を引っぱっておこう。

> それほど、私はより高い人生のためにそれらの小さなものが棄て去られることには半ば同意しながら、しかしその一方これこそわれわれの人生の――少くとも人生の詩の――最も本質的なものではないかと思わずにはいられない幼年時代のささやかな幸福、――それをこの赤まんまの花たちはつつましく、控えめに、しかし見る人によっては殆《ほとん》ど完全な姿で代表しているのだ。……

いい？　いま詩人は「赤まんまの花を歌うな」と言って、「赤まんまの花」を捨てようと思っている。それは、「幼年時代のささやかな幸福」の象徴なんです。いま、これを捨てようと思っている。

ところが、「それらの小さなもの」というのはいったい何かといったらば、「これこそ」**「人生の詩の最も本質的なもの」**なんですよ。

分かりますか。「小さなもの」というのは「詩の本質」。詩人は、その詩の本質を捨てようとしたんだよ。詩の本質を捨ててしまえば、詩なんか書けないじゃない。だから、いつか、もう詩を書かなくなるんじゃないかという「詩人の不幸な宿命」を見出したんですよ。

となれば、答案に絶対不可欠な本文中の言葉といえば、**「小さなもの」**と**「詩の本質」**なんだ。あるいは「小さなもの」を具体的に言えば、**「幼年時代のささやかな幸福」**。この言葉を使っても間違いではありません。

ただ、これを使うと、字数が苦しくなります。二十五字以内だから。それだと、たぶん「幼年時代のささやかな幸福は詩の本質であるから」という答えしか作れないと思います。これだけでは、ちょっと説明不足。「小さなものが詩の本質だったから」だけでは、詩人が詩を書かなくなる理由としては不十分です。

なぜ書かなくなるの？　詩人が、それを捨てようとしたからでしょう。これが要るよね。**もう赤まんまの花は歌うな、と詩の本質を捨てようとしたから、やがて詩なんて書けなくなると思ったん**ですよ。したがって答えは、

〈解答例・問三〉

詩の本質である小さなものを詩人が捨てようとしたから（二五字）

ポイントは二つ。〝**「小さなもの」**イコール**「詩の本質」**あるいは**「人生の詩の本質」**〟と、もう一つは、それを**「捨てる」**ということです。この二つのポイントがあれば、マル。これらの語句をはずすと、二十五字以内でまとめるのはかなりきついでしょう。

では、本文に戻りましょうか。

「それはそうと、赤まんまの花って、いつ頃咲いたかしら？　夏だったかしら？　それとも……」と私は自分のうちの幼時の自分に訊《き》く。その少年はしかしそれにはすぐ答えられなかった。そう、赤まんまの花なんて、(4)お前ぐらいの年頃には、年がら年じゅうあっちにもこっちにも咲いていたような気がする

ね。……

今度は**筆者の自問自答**です。**幼い頃の自分に自分で問いかけた**んです。となれば、「その少年」って誰？「幼時の自分」ですよ。簡単に言えば、その頃の自分を思い出しているんだね。そして、幼い頃の自分はその問いかけにすぐには答えられなかったんです。

普通の言い方をすれば、いつ頃赤まんまの花が咲いたのか、過去を振り返っても、もう思い出せなかったんです。なぜかといったらば、「赤まんまの花なんて、(4)お前ぐらいの年頃には、年がら年じゅうあっちにもこっちにも咲いていたような気がする」から。いつでも咲いていたような気がしたから、いつ咲くものかなんて、よく覚えてないんですよ。

そして次、第五段落の最後のところ線を引っぱって。

いわばそれほど、季節季節によってまるでお祭りのように咲く、他の派手《はで》な花々に比べれば、それらの地味な花はいつ咲いたのか誰《だれ》にも気づかれないほどの、そして子供たちをしてそれがままごとに入用なときにはいつでも咲いているかのような――実はその小さな花を路傍などで見つけて、誰か一人がふいと手にしてきたのが彼らにそんな遊戯を思いつかせるのだが――心もちにさせる、いかにも日常生活的な、珍しくもない雑草だった。

赤まんまの花というのは、**いつ咲いたかだれにも気づかれないような、いつでもどこにでもある日常的な雑草**なんです。そしてこれが**「幼年時代の幸福な追憶」の象徴**なんですよ。はい、そこで問題。

問四　傍線部(4)「お前ぐらいの年頃には、年がら年じゅうあっちにもこっちにも咲いていたような気がするね。」といっているが、㋐「お前」とは何かを十分に説明している部分、㋑「年がら年じゅうあっちにもこっちにも咲いていたような気がする」理由となっている部分を、本文中からそれぞれ十五字以内で抜き出せ。

㋐「お前」とは何かといったら、「自分のうちの幼時の自分」（一一字）。これは簡単だね。自問自答しているんだから。

さらに㋑「年がら年じゅうあっちにもこっちにも咲いていたような気がする」の理由となっている部分といえば、どこ？　実際は、年がら年じゅう咲いているわけじゃないんだよ。でも、そのような気がしたのはなぜかといったらば、「日常生活的な、珍しくもない雑草だった」からでしょ。これも簡単。

はい、字数を考えれば、答えは「日常生活的な、珍しくもない雑草」（一五字）ですね。

じゃ、次いきましょう。

しかしながら、(5)その「赤まんま」というなつかしい仇名《あだな》とともに、あの赤い、粒々とした、花とはちょっと言いがたいくらい、何か本当に食べられそうに見える小さな花の姿を思い浮かべると、いまだに私には一人の目のきつい、横から見ると男の子のような顔をした少女の姿がくっきりと浮かぶ。それから、もう一人の色つやの悪い、痩《や》せた、貧相な女の子の姿が、……なんともいえない土の軟《やわ》らかみのある一種の弾性や、あるときの土の香りなどまでが……

さあ、これは何ですか。といったら、これはA′なんです。「私の幼年時代のささやかな幸福」の具体例です。幼年時代の自分の思い出をここで説明しているんですよ。いつも、「男の子のような顔をした少女」と「やせた貧相な女の子」と遊んでいたんでしょうね、きっと。ここの部分全体が幼年時代の具体例です。さ、そう考えたらば、もう問五の答えは自然と出ているんじゃないの。

問五　傍線部(5)「その『赤まんま』というなつかしい仇名とともに」以下に思い浮かべている二人の少女の姿や、土の感覚などは、どんなことを具体化していると考えられるか。傍線部までの文章の中から該当する語句を十五字以内で抜き出せ。

これも「抜き出せ」という条件です。といったら、もういいね。これらはどんなことの具体化ですか。もう今までの説明の中に答えは出ています。第三段落の「幼年時代のささやかな幸福」(十二字)、これを具体化させたのが、二人の少女、あるいは土の感触ですよ。

まあ、これは別解があると思います。同じような意味で、第一段落の「幼年時代の幸福な追憶」（一〇字）、これもまったく同じ内容ですから、どっちでも結構です。

はい、じゃ、本文に戻りましょう。第七段落。実はこの問題ね、ここから先が本当の勝負なんです。さあ、無花果《いちじく》の木が登場しますよ。次の二箇所に線を引っぱろう。

そうして私はそういうとき、……一本の無花果の木をありありと蘇《よみがえ》らせる。——「私にとって、おお無花果の木よ、お前は長いこと意味深かった。お前は殆ど全くお前の花を隠していた……」とリルケの詩にも歌われている、この無花果の木こそ、現在では私もまた喜んで(6)自分の幼年時代をそれへ寄せたいと思っている木だ。あたかも丁度私の幼年時代もまたその木と同じく、殆ど花らしいものを人目につかせずに、しかもこうやっていつしか私に愉しい生の果実を育んでいてくれているとでも言うように……

引用文は「主張（A）」の証拠（A′）

リルケの文章を引っぱってきたね。なぜそうしたかといったら、自分の意見とリルケの意見が同じだから。これもA′（引用）なんです。

筆者堀辰雄は、「幼年時代のささやかな幸福」について述べている。そしてそれを象徴するのが「赤まんま」の花です。どこにでもある名もない雑草ですよ。リルケはそれを「無花果《いちじく》」に象徴させたんです。なぜかといったら、花を隠していたからです。無花果の木というのにも、花はあるんだよ。ないと実はなりませんから、**花はあるけども、隠れていて見えない**。

この木がなぜ意味深いかといったら、無花果というのは「花の無い果実」と書きますね。その名のとおり、花が隠れていて、外見《そとみ》には見あたらないまま実ができる。誰もそれを気づかない。**でも、その目立たない花のおかげで立派な果実をつくっている**んです。これは、どう？ まさしく**幼年時代の象徴にふさわしい**じゃないですか。

なぜそれが分かるかといったら、先ほど線を引っぱった二番目の箇所。

「あたかも丁度私の幼年時代もまたその木と同じく、殆ど花らしいものを人目につかせずに、しかもこうやっていつしか私に愉しい生の果実を育んでいてくれているとでも言うように……」

幼年時代と無花果の木が似ている。どういう点が似ているかといったら、「殆ど花らしいものを人目につかせずに、しかもこうやっていつしか私に愉《たの》しい生《いのち》の果実を育《はぐく》んでいてくれている」、この点が共通しています。

だから無花果の木をもってきて、幼年時代を象徴させたんです。また、それが妥当《だとう》であることの証拠としてリルケの言葉を引っぱったんです。

さ、**無花果と幼年時代を重ねなさい。**幼年時代も一緒。ささやかで小さいものです。そして、無花果の花が象徴するように、誰もその重要性に気づかない。でも、その幼年時代があったからこそ、立派な命の果実が生まれてきたんだ。つまり、今の自分があるんですよ。

ここに**大きな共通点がある**でしょ。**そこで筆者は「無花果の木へ幼年時代を寄せたい」、と思ったん**ですよ。これが、**「私」の心情**なんです。これをつかまえられたかどうか。

問六 傍線部(6)「自分の幼年時代をそれへ寄せたいと思っている木だ」とあるが、どうしてそういうのか。その理由を本文中の語句を用いて四十字以内で書け。

ポイントを数え上げよ！

また出てきたよ、**「本文中の語句を用いて」**。この「本文中の語句を用いて」という条件があるかないかで、答えは全然違ってきます。

記述というのは、どうしてもみんななんとなく書きがちですが、記述式であろうと、入試問題である限りは採点されるんです。ということは、客観的な採点基準が設定できないと入試問題にならないということ。当たり前のことでしょ。ということは、**採点基準となるポイントがいくつかきちんとある。そのポイントを数え上げてまとめなさい。**そういうことをせずに、ただなんとなく自分で説明したんじゃ、全然点が稼げない。

というわけで、**まず〝本文中から採点基準となりそうなポイントを探して、制限字数に合わせてまとめる〟**という手順を必ず踏むこと。

書くべきポイントは、二つです。「なぜ寄せたいか」といったらば、まず**「幼年時代も無花果の木も同じだから」**、「似ているから」と書けばいい。

次に「その共通点とは何か」を本文から捜してやればよい。**「本文中の言葉を用いて」**

という条件がない場合には、**自分の言葉で説明しないとダメ**なんです。

そうなるとこれは難問ですよ。どういう点が似ているのかを自分の言葉で説明しなければダメ。となると、たぶん、四十字という字数で収めるのは容易じゃないでしょう。

ところが、ここでは幸いなことに「文中の語句を用いよ」となっているので、用いる語句を誤らなければいいわけです。そうすると、本文の最後に**「生の果実を育んでくれている」**とある。これは、幼年時代のおかげで成長した今の自分があるんだ、という意味だけど、もちろん**比喩を使った表現**なわけです。でも、比喩であろうとも、「本文の言葉を用いよ」とあるんだから、そのまま用いてやればいい。

では、いま言った**二つのポイント**を整理しましょう。

なぜ無花果の木へ幼年時代を寄せたいと思っているのかといったら、第一のポイントは「この二つには互いに共通点があるから」、「同じだから」、「似ているから」と書く。で、第二のポイント。どういう点がといったら、「どちらも花を人目につかせずに、生の果実を育んだ」という点。どっちも花が人目につかない。でも、花のおかげで果実ができるんじゃないですか。人生においても一緒なんですよ。こう言っているね。

〈解答例・問六〉

幼年時代も無花果の木と同じく、花を人目につかせず生の果実を育んでくれたから（三七字）

いちばん大きなポイントは、「花を人目につかせずに、生の果実を育んだ」ということ。この問が十点満点だったら、これだけで六、七点入ります。以上、二つのポイントをきちんと押さえていればマル。いいですね。

問七　次の鑑賞文の空欄(a)・(b)にそれぞれ適切な語を漢字で記入せよ。

右の文章の文体に注意すると、文末を「た」で止めて過去を回想することからはじめ、次第に「……」の記号を多用することによって［(a)］をもたせ、幼年時代を愛惜している。後半では、「ような」「ように」を繰り返しているが、これは、ふつう比況の［(b)］といわれているもので、明喩《ゆ》・様態などをも示すが、ここでは叙述を柔らげ、独特の雰《ふん》囲気を作り出している。

これは文法問題ですけれども、あまり意味のない問題でしょうね。サラッといきますよ。空欄(a)・(b)に適当な言葉を**漢字**で書くんだよ。**一字でも平仮名が入ったらバツ**ですよ。

まず空欄(a)ですが、「……」の記号を多用するということは、つまり、ハッキリ言わずに「……」なんでしょ。まあ、「含みをもたせる」という言い方もあるかもしれませんけれど、**「含み」は平仮名があるからダメ。**となれば、これと同じ意味で漢字だけだったらば、どう？「余情《よじょう》」をもたせるとか「余韻《よいん》」をもたせるなんて言い方をするんじゃない？**「余情」もしくは「余韻」、これが答え。**

次、空欄(b)にいきますが、こんな問題簡単すぎて面白くないね。**「ような」「ように」**というのは**「比況の助動詞」**といいます。どっちかというと、「比況」のほうを空欄にしてほしいね。

答えは、**「助動詞」**です。

問八　次のA・B各群の中から、堀辰雄に最も関係の深いものをそれぞれ一つずつ選び、記号で答えよ。

明治以降の文学史

これは文学史の問題。まず、この文章の作者**堀辰雄**は、**昭和初期の作家**だということを覚えておく。ここに出ているような主だった作品は、作者名とともに、何とか派、何とか主義、そして時代とがすぐに言えるようにしておきなさい。

(ア)の**『雪国』**の作者は**川端康成**《かわばたやすなり》でしょ。川端康成というのは、**新感覚派**。新感覚派というのは、**昭和の初期**、という具合にセットで覚えるんです。

(イ)を飛ばしまして、(ウ)の**『破戒』**《はかい》、これは常識。**島崎藤村**ですけれども、『破戒』は**自然主義**の代表作品で、時代は**明治の終わり**です。

(エ)**『細雪』**《ささめゆき》は**谷崎潤一郎**《たにざきじゅんいちろう》、これは**耽美**《たんび》**派**です。耽美派というのは**大正時代**。

(オ)**『伸子』**はちょっと難しいかもしれませんね。これは**宮本百合子**《ゆりこ》の作品で、**プロレタリア文学運動**。この文学運動は**昭和の初期**で、昭和の初期というのは、プロレタリア文学運動と新感覚派とが、がっぷり四《よ》つになっている時代なんですよ。

そしてさっき飛ばした(イ)の**『菜穂子』**《なおこ》は堀辰雄の作品です。**答えは(イ)**。

今度はB群を見てみましょう。時代的にいえば、堀辰雄は昭和初期ですから、それが分かれば選択肢をかなり消去できるはず。古い順にいうと、(ク)の**「写実《しゃじつ》主義」**。これは**明治の初め**です。日本の近代文学の出発点だから、まったくダメ。

次が(ケ)の**「浪漫《ろまん》主義」**。これは**北村透谷《とうこく》**とか**森鷗外《おうがい》**の初期の頃ですから、時代的に全然合いません。その次に起こってくるのは(キ)の**「自然主義」**ですね。**ここまでが明治時代**なんです。

で、(コ)の**「人道《じんどう》主義」**というのは、**白樺《しらかば》派**。**武者小路《むしゃのこうじ》実篤《さねあつ》**とか**有島武郎《たけお》**とか**志賀直哉《なおや》**とかね、これは**大正時代**です。

その後、**新興芸術派**というのが**昭和初期**に起こってきます。堀辰雄はその新興芸術派ですけれども、それを**「新心理主義」**ともいいます。だから彼が昭和初期と知っていれば、**(カ)**しか残りません。

文学史というのは、この程度のことをやっておけばいいんだと分かってもらえば、今日のところは結構。これから文学史をやっていくときには、このへんのポイントを押さえながら、効率よく勉強していってください。ちなみに、私の「近代日本文学史」の講義を一冊にまとめた

『早わかり文学史』（語学春秋社刊）も出ています。二〇〇ページ足らずの新書判で読みやすいと思いますので、よかったら読んでみてください。

解答

問題5

問一　赤まんまの花やその他いじらしいものをとり入れている（二五字）
問二　パラドクシカルな、悲痛な美しさ（一五字）
問三　詩の本質である小さなものを詩人が捨てようとしたから（二五字）
問四　㋐自分のうちの幼時の自分（一一字）
　　　㋑日常生活的な、珍しくもない雑草（一五字）
問五　幼年時代のささやかな幸福（一二字）
　　　〈別解〉幼年時代の幸福な追憶（一〇字）
問六　幼年時代も無花果の木と同じく、花を人目につかせず生の果実を育んでくれたから（三七字）
問七　ⓐ余情（余韻）　ⓑ助動詞
問八　A群　(イ)　B群　(カ)

これで第①巻の講義を終了します。おそらく君たちの現代文に関するイメージが一変したと思います。まさに、ニュートン理論からアインシュタイン理論へのパラダイムの転換、それほどの衝撃だったのではないでしょうか？

今回は現代文の世界を大きく見てきましたが、第②巻では高得点が取れるよう実践的な話が中心となります。

この講義は第①・②・③巻、三冊そろって完結します。本当に面白くなるのは、これからです。時を移さず、第②巻へと進んでくださいね。（第②巻に続く）

出口 汪

Hiroshi Deguchi

東進衛星予備校講師

●今まで，現代文はセンス・感覚で，どれほど勉強しても効果がないと言われていたのに，現代文は論理の教科だと断言し，一貫した方法で，現代文どころか，あらゆる科目の成績まで上げてしまうのが，この講義である。今や，「論理エンジン」という全く新しいシステム・教材で日本の教育に革命を起こしている。

＊「論理エンジン」の公式サイト── http://www.ronri.jp

●主な著書

『出口汪現代文講義の実況中継①〜③』
『出口汪のトークで攻略現代文 Vol.1・Vol.2』
『高１からの出口現代文講義の実況中継』
『出口小論文講義の実況中継①･②』
『早わかり文学史』『早わかり入試頻出評論用語』（以上，語学春秋社）
『「最強！」の記憶術』
『子どもの頭がグンと良くなる！ 国語の力』（以上，水王舎）ほか多数

CB04AB/C-DC/Si

国語

定価：本体1,200円+税

山村由美子 図解古文読解講義の実況中継

古文のプロが時間と労力をかけてあみだした正しく読解をするための公式“ワザ85”を大公開。「なんとなく読んでいた」→「自信を持って読めた」→「高得点GET」の流れが本書で確立します。

定価：本体1,200円+税

山村由美子 図解古文文法講義の実況中継

入試でねらわれる古文特有の文法を，図解やまとめを交えてわかりやすく，この一冊にまとめました。日頃の勉強がそのままテストの得点に直結する即効性が文法学習の嬉しいところ。本書で入試での得点予約をしちゃいましょう。

大学入学共通テスト

定価：本体1,600円+税

山村由美子 古文講義の実況中継

共通テスト古文で高得点を取るための秘訣を全公開!!「単語」→「文法」→「和歌」→「総合問題演習」→「共通テスト型問題演習」と，順を追って手応えを感じながら学べます。巻末付録には，「試行テスト」を2題収録。

大学入学共通テスト

定価：本体1,500円+税

飯塚敏夫 漢文講義の実況中継

共通テスト漢文は，「漢文法」「単語」「漢詩」を押さえれば，満点が取れるおいしい科目。本書で速習攻略できます! さらに，2題の予想問題で本番を意識した対策も万全です。漢文公式を1冊にまとめた別冊サブノート付き。

地歴

定価：①・②本体(各)1,200円+税
③・④本体(各)1,300円+税

CD付

石川晶康 日本史B講義の実況中継①～④

日本史参考書の定番『石川日本史講義の実況中継』が，改訂版全4巻となって登場!文化史も時代ごとに含まれ学習しやすくなりました。さらに，「別冊講義ノート」と「年表トークCD」で，実際の授業環境を再現!日本史が得点源に変わります!

定価：本体1,400円+税

石川晶康 日本史Bテーマ史講義の実況中継

「史学史」「女性史」「琉球・沖縄史」など必須テーマから，メインの「政治史」まで，入試頻出テーマに焦点をしぼった一冊。「論述対策」も盛り込まれた本書は，これまでの日本史学習の成果を得点力にかえる，総仕上げの一冊です。

6段階 マルチレベル・スピーキングシリーズ

※レベル分けは，一応の目安とお考えください。

小学上級～中１レベル

❶ グリーンコース

CD1 枚付／ 1,000 円＋税

自己紹介やあいさつの音読練習から始まり，イラスト内容の描写，簡単な日常表現の演習，さらには自分自身の考えや気持ちを述べるトレーニングを行います。

中２～中３レベル

❷ オレンジコース

CD1 枚付／ 1,000 円＋税

過去・未来の表現演習から始まり，イラスト内容の描写，日常表現の演習，さらには自分自身の気持ちや意見を英語で述べるトレーニングを行います。

高校初級レベル

❸ ブルーコース

CD1 枚付／ 1,000 円＋税

ニューストピック・時事的な話題などの音読練習をはじめ，電話の応対・道案内の日常会話，公園の風景の写真説明，さらにはインターネット・SNSなどについてのスピーチトレーニングを行います。

高校中級レベル

❹ ブラウンコース

CD1 枚付／ 1,000 円＋税

テレフォンメッセージ・授業前のコメントなどの音読練習をはじめ，余暇の過ごし方・ショッピングでの日常会話，スポーツの場面の写真説明，さらに自分のスケジュールなどについてのスピーチトレーニングを行います。

高校上級～中堅大レベル

❺ レッドコース

CD2 枚付／ 1,200 円＋税

交通ニュースや数字などのシャドーイングをはじめ，写真・グラフの説明，4コマまんがの描写，電話での照会への応対及び解決策の提示，さらには自分の意見を論理的に述べるスピーチのトレーニングを行います。

難関大学レベル

❻ スーパーレッドコース

CD2 枚付／ 1,200 円＋税

様々な記事や環境問題に関する記事のシャドーイングをはじめ，講義の要旨を述べる問題，写真・グラフの説明，製造工程の説明，さらには1分程度で自分の意見を述べるスピーチのトレーニングを行います。

全コース共通

スピーキング・ハンドブック

CD3 枚付／ 1,600 円＋税

発音やイントネーションをはじめ，スピーキング力の向上に必要な知識と情報が満載の全コース対応型ハンドブックです。